Chip Ingram mit Chris Tiegreen

Mit Liebe gelingt dein Leben

Über den Autor

Chip Ingram ist Pfarrer der *Venture Christian Church* in Los Gatos, Kalifornien, und der Präsident von *Living on the Edge*, einer internationalen Organisation für biblische Lehre und Jüngerschaft. Chip versteht es, die Menschen dazu herauszufordern, ihren Glauben in den Alltag zu übertragen. Er ist Autor zahlreicher Bücher. Mit seiner Frau Theresa hat er vier Kinder und bereits sechs Enkel.

Chip Ingram

MIT LIEBE GELINGT DEIN LEBEN

Warum alles seinen Platz findet,
wenn die Liebe an erster Stelle steht

Aus dem Englischen
von Elke Wiemer

GerthMedien

Dieses Buch widme ich meinen Teamkollegen in der
Venture Christian Church *und bei* Living on the Edge.
Sie sind mir mit Liebe begegnet und haben geholfen,
Gottes Absichten in meinem Leben und durch mein Leben
zu verwirklichen. Das habe ich gar nicht verdient.
Ich bin euch sehr dankbar dafür.

Inhalt

Einleitung 9

Kapitel 1
„All You Need Is Love …“ 12

Kapitel 2
„What's Love Got To Do With It?“ 24

Kapitel 3
„Love Is The Answer“ 40

Kapitel 4
„Love Me Tender“ 52

Kapitel 5
„Looking For Love In All The Wrong Places“ 74

Kapitel 6
„In The Name Of Love“ 102

Kapitel 7
„What The World Needs Now“ 124

Kapitel 8
„Love Train (Get On Board!)“ 154

Danksagung 183

Anmerkungen 185

Einleitung

Dieses Buch wendet sich an all diejenigen, die müde, überfordert, emotional erschöpft und geistlich ausgelaugt sind, weil sie sich für zu viele gute Dinge einsetzen. Genau! Für gute Dinge. Sie bemühen sich, geistlich zu wachsen, ihren Kindern zu helfen, die eigenen Gaben zu entfalten, auf der Arbeit einen hohen Einsatz zu bringen, in der Gemeinde mitzuarbeiten, ein fürsorglicher Nachbar zu sein, sich körperlich fit zu halten, die Kinder zum Training und zu Verabredungen zu fahren – und sind am Ende völlig fertig. Die Wochenenden sind vollgestopft mit Sportwettkämpfen und gemeindlichen Aktivitäten. Die Wochentage fangen früh an und gehen bis spätabends, und nur zu oft haben Sie keine Zeit, um mal in Ruhe richtig zu essen.

Aber nicht nur Verheiratete mit Kindern sind überfordert, gehetzt und emotional ausgelaugt. Bei Singles ist die Arbeit oft ein gnadenloser Sklaventreiber, und die Wochenenden sind randvoll mit Beziehungspflege und gemeindlichen Verpflichtungen, sodass sie sich am Montag erst einmal davon erholen müssen.

Auch ich bleibe von diesem Wahnsinn nicht verschont. Ich lebe in einer der schnelllebigsten Gegenden auf dieser Erde – dem Silicon Valley. Ich bin Pastor einer Gemeinde von Menschen, die aus dem Haus gehen, wenn es noch dunkel ist, um die neuesten Produkte von Apple, Intel, Yahoo, Google oder

Hewlett-Packard auf den Markt zu bringen. Dort erlebe ich aus nächster Nähe, was ein hektischer Alltag, hohe Anforderungen und eine völlig überzogene Komplexität im Leben und in den Beziehungen von Menschen anrichten.

Wenn Sie jetzt auf schnelle Hilfen beim richtigen Umgang mit der Zeit hoffen oder sieben simple Schritte zu einem einfachen Leben oder ein Rezept, wie Sie sich ein bisschen Freiraum verschaffen können, dann ist das hier nicht das richtige Buch. Die meisten von uns haben alle möglichen Ratgeber ausprobiert und festgestellt, dass die Tipps nur ein paar Tage oder bestenfalls ein paar Wochen funktionieren. Nein, dieses Buch ist für Menschen gedacht, die wissen, was sie zu tun haben, die es auch wirklich tun wollen, aber es praktisch unmöglich finden, aus dem Zug der *zu vielen guten und wichtigen Dinge* auszusteigen.

Dieses Buch ist keine bloße Theorie. Ich sitze hier nicht in einem vornehmen Büro und stelle hochtrabende Überlegungen darüber an, dass alle anderen zu viel um die Ohren haben. Dieses Buch ist über einen Zeitraum von zweieinhalb Jahren entstanden, nachdem ich ins Silicon Valley gekommen bin, um zwei Gemeinden zu helfen, die zusammengelegt worden waren. Sofort war ich mit großen Problemen konfrontiert, denn wir hatten zu wenig Geld, zu wenige Räumlichkeiten und zu wenige Mitarbeiter. Gleichzeitig erlebte ich in meinem Jüngerschaftsprogramm „Living on the Edge" das explosivste geistliche Wachstum seit seiner Entwicklung. Und dann mussten wir feststellen, dass Theresa, meine Frau, Krebs hatte. Ich will damit nicht Ihr Mitleid erheischen, sondern nur zeigen, dass Gott mich die Dinge, von denen ich in diesem Buch schreibe, in meinem eigenen Leben auf „fortgeschrittenem Niveau" anwenden ließ, bevor ich sie hier zum Besten gebe.

Die These dieses Buches ist ganz einfach:

Ein *einfacheres Leben* gelingt uns niemals, wenn wir versuchen, unser Leben und unsere Zeit mithilfe bestimmter Strategien zu managen und zu kontrollieren.

Ein *einfacheres Leben* erreichen wir, indem wir *weniger tun*, weil wir *mehr lieben.*

Machen Sie sich keine Gedanken, wenn das im Moment nicht sehr logisch klingt – Sie werden es noch verstehen. Wenn Sie lernen, den Menschen in Ihrem sozialen Umfeld mit Liebe zu begegnen, werden Sie merken, wie Kompliziertes einfach wird, wie aus Hektik Frieden wird und wie Sie nicht länger „nie genug Zeit", sondern „Zeit für die Menschen, die Sie lieben" haben.

Ein *einfacheres Leben* gelingt uns niemals, wenn wir versuchen, unser Leben und unsere Zeit mithilfe bestimmter Strategien zu managen und zu kontrollieren.

Ich freue mich, gemeinsam mit Ihnen auf diese Reise zu gehen. Am Ende jedes Kapitels habe ich einige Fragen angefügt. Ich möchte Ihnen auf diese Weise helfen, den Inhalt zu verarbeiten, darüber nachzudenken, ihn mit Freunden oder Ihrem Partner zu diskutieren und, vor allem, ihn in Ihrem Leben umzusetzen. Alte Gewohnheiten wird man nur schwer wieder los. Und bevor man langfristige, dauerhafte Veränderung herbeiführt, muss man erst einmal ernsthaft und gründlich über das eigene Leben nachgedacht haben. Aber wenn Sie bereit sind, einige ganz einfache Wahrheiten aus Gottes Wort auf Ihr Leben anzuwenden, dann kommen Sie einer dauerhaften Veränderung schon ganz nah.

KAPITEL 1

„All You Need Is Love …"

Als ich in unserer Gemeinde mit dieser Predigtreihe anfing, wusste ich, dass ich damit ein sehr sensibles Thema ansprach. Es ist schwer, sich den Schuldgefühlen zu stellen, die damit einhergehen, wenn man im Beruf alles gibt, sich mit dem Ehepartner nur noch die Klinke in die Hand gibt und nicht genug Zeit für die Familie hat. Ich wusste, dass ich gar nichts erreichen würde, wenn ich diesen hochgebildeten, berufstätigen Menschen nur Vorträge hielt. Sie haben vielleicht die gleichen Grundbedürfnisse wie wir alle, aber der Druck und die Anforderungen ihrer Hightechwelt sind enorm hoch.

Deshalb ließ ich das Musikteam den berühmten *Beatles*-Song „All You Need Is Love" spielen, als die Besucher in den Gottesdienstsaal kamen. Kein Text über den Beamer, kein Gesang, nur eine Instrumentalversion, die alle zum Mitsingen und Mitsummen brachte. Der Gottesdienst fing erst einige Minuten später an, aber ich wollte diesen Gedanken schon einmal in die Köpfe der Menschen säen, bevor wir in das Thema einstiegen, dass Liebe alles ist, was wir brauchen.

> Dieser Tanz besteht aus vier Schritten, die von Takt zu Takt immer schneller getanzt werden: *Größer, Besser, Schneller, Mehr.*

Wenn Menschen getrieben und überfordert sind und mit einem wahnwitzigen Zeitplan leben, dann geht das oft auf das genaue Gegenteil dessen zurück, wovon in diesem Liedtext die Rede ist. Es gibt sogar einen „Tanz", der weltweit unter vielen

Namen bekannt ist. Er erklärt ziemlich gut, warum wir geistlich und körperlich so erschöpft sind. Weil ich hier lebe, nenne ich ihn den *Silicon Valley Shuffle*, aber er wird in verschiedenen Variationen von London über Hongkong bis nach Sidney überall getanzt. Ganz gleich, wie Sie ihn nennen, er besteht immer aus den gleichen vier Schritten, die von Takt zu Takt immer schneller getanzt werden. Mal sehen, ob Ihnen diese vier Schritte bekannt vorkommen: *Größer, Besser, Schneller, Mehr.*

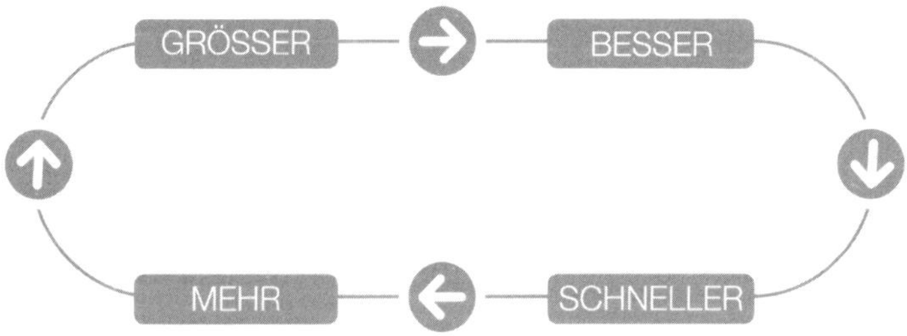

Vier Worte, die unsere Einstellung ausmachen

Von diesen vier Worten werden unser Leben, unser Zeitplan, unsere Beziehungen und sogar unsere Seele angetrieben. Es ist diese Einstellung, die uns hier im westlichen Kulturkreis antreibt. Unsere wettbewerbsorientierte Industriewelt fordert, dass die Dinge größer, besser, schneller und in größeren Mengen produziert werden als bei unserer Konkurrenz. Der wettbewerbsorientierte Arbeitsmarkt zwingt uns, noch ein paar Stunden länger zu arbeiten und dann noch ein paar mehr. Denn wenn wir das nicht tun … Nun ja, niemand ist unersetzlich. Und unsere Wünsche und Bedürfnisse als Verbraucher treiben uns genau in die gleiche Richtung. Wir sind mit dem Status quo nie ganz zufrieden und wollen deshalb immer etwas Größeres, Besseres, Schnelleres und mehr davon haben. Und genau diese Bedürfnisse sprechen Werbefachleute an, und nur so überleben wir als Entwickler, Unternehmer und Menschen, die etwas bewirken wollen, in dieser wettbewerbsorientierten Kultur. Wir müssen ständig innovativ sein und jede Gelegenheit ergreifen, die sich uns bietet.

Unglücklicherweise wirkt sich diese Einstellung auch auf unsere Familien aus. Wenn unsere Kinder richtig gut sein sollen – worin auch immer sie unserer Meinung nach richtig gut sein könnten –, dann müssen wir sie früh fördern. Deshalb gibt es Fußballmannschaften mit Dreijährigen und Sechstklässler, die Nachhilfe bekommen, damit sie den NC fürs Studium schaffen. Unsere Gesellschaft bietet uns wunderbare Möglichkeiten, aber gleichzeitig sind der Druck und die Anforderungen, um diese Möglichkeiten zu nutzen – und zwar so viele wie möglich davon –, auch schier überwältigend. Wir fühlen uns ständig getrieben, alles zu sein, zu tun und zu haben – und als Folge davon sind wir ständig erschöpft.

Tanzen wir auf zu vielen Hochzeiten?

In unseren Bemühungen, alles zu sein, alles zu tun und alles zu haben, haben wir uns eine sehr komplizierte Welt geschaffen, die

1. sich zu schnell dreht,
2. zu wenig von dem hält, was sie verspricht, und
3. zu viel verlangt.

Natürlich sagen wir nicht wirklich, dass wir alles sein, alles tun und alles haben wollen. Es ist uns vielleicht nicht einmal bewusst, dass wir diesen drei Dingen nachjagen. Aber unser

Verhalten spiegelt wider, was uns antreibt. Denken Sie einmal über Ihre Welt nach:

Sie dreht sich zu schnell. Haben Sie sich noch nie gewünscht, dass die Uhr einmal stehen bleiben würde, damit Sie mit Ihrer Arbeit nachkommen – oder vielleicht auch nur, damit Sie einmal verschnaufen können? Vergehen die Tage und Wochen wie im Flug und Sie kommen einfach nicht nach? Haben Sie sich schon einmal gewünscht, von diesem sich wie wild drehenden Karussell aus Anforderungen und Aktivitäten abzuspringen, aber Sie schaffen es nicht, weil es einfach nicht anhält? Das sind eindeutige Anzeichen dafür, dass sich Ihre Welt zu schnell dreht.

> Wir schaffen uns eine Welt, die sich zu schnell dreht, zu wenig von dem hält, was sie verspricht, und zu viel verlangt.

Sie hält zu wenig von dem, was sie verspricht. Hatten Sie schon mal das Gefühl, dass Sie mehr geben, als Sie bekommen? Am Rad drehen? Viele Termine, aber wenige Beziehungen haben? Sind Sie in einem ruhigen Moment manchmal enttäuscht vom Leben und unzufrieden? Das sind Anzeichen dafür, dass Ihre Welt nicht hält, was sie verspricht.

Sie verlangt zu viel. Wem von uns gelingt es wirklich, alle Aufgaben auf unserer To-do-Liste abzuhaken? Sind nicht am Ende eines Tages immer wieder Dinge unerledigt geblieben? Kommt Ihnen Ihr Leben wie ein grausamer Marathonlauf vor – Sie sehen die Ziellinie, laufen darauf zu, aber irgendjemand verschiebt sie ständig nach hinten? Leiden Sie unter Schlafstörungen? Sind Sie oft angespannt? Fühlen Sie sich überfordert? Das sind Anzeichen dafür, dass Sie in einer Welt leben, die zu viel verlangt – und die Ihnen noch das letzte bisschen Kraft rauben wird, wenn Sie das zulassen.

Als Pastor erlebe ich die Auswirkungen unseres getriebenen, schnelllebigen, komplexen Lebensstils. Das Ganze endet mit Erschöpfung, niedrigen Kraftreserven, oberflächlichen Beziehungen, zerrütteten Familien, kaputten Ehen, schmerzhafter Einsamkeit, Süchten, vernachlässigten Kindern und ganz allgemein mit verletzten Menschen.

Wenn Sie jetzt meinen, dass ich übertreibe, will ich Ihnen einmal die gar nicht so untypische Geschichte eines jungen Mädchens aus so einer von Ehrgeiz getriebenen Familie erzählen. Ihre Eltern waren davon überzeugt, dass Bildung der Schlüssel zu einer erfolgreichen Zukunft ist. Also musste sie jeden Tag nach der Schule noch vier bis fünf Stunden zusätzliche Aufgaben machen. Ab der sechsten Klasse engagierten sie einen Nachhilfelehrer, der jeden Samstag sechs Stunden mit ihr lernte, um sie für die Aufnahmeprüfungen an der Uni vorzubereiten. Sie taten das in der Absicht, ihrer Tochter zu helfen, doch der Größer-Besser-Schneller-Mehr-Tanz führte zwar zum schulischen Erfolg, aber auch zu einer Beziehungstragödie. Bei der Aufnahmeprüfung der Uni schnitt das Mädchen hervorragend ab und bekam ein Vollstipendium an einer der besten Unis im Land. Klingt doch super, oder? Falsch. Nach dem Uniabschluss zog sie dreimal um und änderte jedes Mal ihre Telefonnummer, um den Kontakt zu ihren Eltern abzubrechen. Der „Erfolg" hatte die Beziehungen zerstört. Ihre Eltern „taten" zwar alles für sie, aber sie brachten ihr keine Liebe entgegen – zumindest nicht in den Augen des Mädchens. Unser Streben nach Größer-Besser-Schneller-Mehr bestimmt in kleinen und großen Dingen unser Leben.

Und das wiederum führt dazu, dass wir uns tief in uns drin unwohl und unbehaglich fühlen und permanent gestresst sind.

Dieser Wettlauf um Größer, Besser, Schneller und Mehr (zu sein oder zu haben) zerstört unseren inneren Frieden. Wir verlieren unser Fundament. Wir wissen nicht mehr, wo wir sind oder wohin wir gehen, geschweige denn, wie man in einem vernünftigen Tempo geht. Und schon bald stellen wir fest, dass unsere Beziehungen sich allmählich auflösen. Wir arbeiten stundenlang, oft zum Wohl der Menschen, die wir lieben, aber haben dann am Ende genau mit diesen Menschen nur noch oberflächliche Beziehungen, weil wir so viel Zeit mit der Arbeit und so wenig Zeit mit ihnen verbracht haben. Wir haben echte, bodenständige, tiefe Beziehungen gegen die Vorzüge von Geld und Sozialleistungen eingetauscht. Wir haben die Zeit, die wir für Freunde, den Ehepartner, die Kinder – und sogar für Gott – bräuchten, auf ein Minimum reduziert. Unseren Beziehungen fehlt es an Aufrichtigkeit und Tiefgang. Es ist nur noch gerade genug da, um sie oberflächlich betrachtet am Leben zu erhalten.

„Das mache ich, sobald …", lautet der klassische Ausspruch eines vielbeschäftigten Menschen. Wir kümmern uns wieder um unsere Freunde, sobald dieser Geschäftsabschluss unter Dach und Fach ist oder sobald wir dieses Projekt fertig haben oder sobald die Kinder größer sind und nicht mehr so viel Aufmerksamkeit brauchen oder sobald … Aber dieses „Sobald" tritt nie ein. Schon bald sind die Kinder Teenager oder machen eine Ausbildung oder gehen zur Uni … oder Sie haben ganz verlernt, tiefgehende Gespräche mit Ihrem Ehepartner zu führen … oder Ihre Freunde haben andere Menschen gefunden, die ihre Interessen teilen. Dieses „Wenn erst einmal …"-Denken funktioniert nicht wirklich. Das „Wenn" wird niemals eintreten, es sei denn, wir halten inne und beschließen, uns das Leben leichter zu machen.

Hoffnungsschimmer

Hin und wieder, wenn man einmal innehält, Pause macht und Zeit mit Gott verbringt, bekommt man eine Ahnung davon, was wirklich läuft. Mir haben schon unzählige Männer und Frauen gesagt: „Ich muss langsamer machen. Ich brauche ein bisschen Freiraum. Ich merke, dass das, was wirklich wichtig ist, zu kurz kommt." Aber oft muss es erst zur Krise kommen – ein negativer Arztbefund, ein Autounfall, die Entlassung –, damit man wirklich etwas unternimmt. Manchmal platzt Gott auch in unser Leben hinein und begegnet uns in einer unserer seltenen Urlaubszeiten oder auf einer Freizeit. Plötzlich sehen wir, mit welcher Geschwindigkeit sich alles bewegt, und es erscheint uns lächerlich, dass wir keine Zeit für den Gott haben, der uns erschaffen hat. Oder für den Partner, dem wir versprochen haben, zusammenzubleiben, „bis dass der Tod uns scheidet". Oder für die Menschen, die unsere DNA teilen und unsere Liebe brauchen. Aber der Silicon Valley Shuffle, oder wie auch immer Sie ihn nennen wollen, endet tödlich. Wir sind so in den täglichen Anforderungen gefangen, dass wir oft das Wichtigste verpassen.

Kann man sich daraus befreien?

Kann man sich aus dieser Falle befreien – aus dieser Hochgeschwindigkeit unseres komplexen Lebens, dem Hochdruck, den hohen Anforderungen, dem Unwohlsein unserer Seele? Das ist die Frage, der wir in diesem Buch nachgehen wollen – eine Frage, die wir uns alle stellen müssen, wenn wir es satthaben, überfordert und unerfüllt zu sein. Ich glaube: Ja, es ist möglich, den Lauf des Lebens mit einer ganz anderen, besseren Geschwindigkeit zu laufen. Es ist nicht nur möglich, sondern auch zwingend notwendig.

Warum wir tun, was wir tun

Stellen Sie sich einmal Folgendes vor: Sie haben aus unerklärlichen Gründen Fieber und auch starke Schmerzen. Obwohl Sie eigentlich nicht gerne zum Arzt gehen, lassen Sie sich trotzdem einen Termin geben, weil Sie besorgt sind. Es könnte ja was Ernstes sein. Sie gehen also voller Sorge zum Arzt. Der Arzt kommt herein, begrüßt Sie, wartet aber noch nicht einmal ab, bis Sie Ihre Symptome geschildert haben, sondern holt sofort ein Medikament aus dem Schrank und sagt: „Nehmen Sie mal das hier. Mal sehen, ob es wirkt.“

Sie erwidern: „Moment mal! Sind Sie sicher, dass das der richtige Weg ist, um mein Problem zu behandeln?“

„Hm, vielleicht nicht“, meint er. „Aber um auf Nummer sicher zu gehen, setzen wir einmal für morgen früh um sechs Uhr einen OP-Termin an.“

Plötzlich haben Sie kein Vertrauen mehr zu Ihrem Arzt, nicht wahr? Wenn es um Ihre körperliche Gesundheit geht, möchten Sie schon gerne eine richtige Diagnose. Das ist der Schlüssel zu einer erfolgreichen Behandlung. Man kann eine Krankheit nicht behandeln, wenn man nicht weiß, womit man es zu tun hat. Sie möchten, dass Ihr Arzt erst einmal herausfindet, was los ist, bevor er Ihnen Medikamente verschreibt oder Sie gar aufschneidet.

Wenn wir unser Leben einfacher gestalten wollen, müssen wir zunächst einmal eine korrekte Diagnose stellen.

Das Gleiche gilt auch für unser geistliches Leben. Wenn wir unser Leben einfacher gestalten wollen, müssen wir zunächst einmal eine korrekte Diagnose stellen. Ein guter Arzt fragt zuerst, wie lange Sie diese Symptome schon haben, ob bestimmte

Erkrankungen in Ihrer Familie vielleicht häufiger auftreten, wie Sie sich ernähren, wie viel Sport Sie treiben und so weiter. Ich habe festgestellt, dass zwei diagnostische Fragen sehr hilfreich sind, um dieser geistlichen Erkrankung auf die Spur zu kommen.[1]

Zwei Fragen zur Diagnose

Die erste Frage offenbart, was sich hinter dem Größer-Besser-Schneller-Mehr verbirgt. Wenn Sie beharrlich einem trügerischen Ziel nachjagen, muss es etwas geben, das Sie dazu motiviert, etwas, das hinter dem Druck und den Anforderungen steckt, von denen Sie getrieben werden. Sie kommen auf der langen Suche nach den Gründen schon ein großes Stück weiter, wenn Sie sich einmal diese erste Frage stellen: *Wofür möchten Sie gerne bekannt sein?*

Vielleicht wollen Sie dafür bekannt sein, dass Sie ein freundlicher und liebevoller Zeitgenosse sind. Vielleicht hat das, wofür Sie bekannt sein wollen, mehr mit Ihren Aufgaben zu tun – zum Beispiel eine wunderbare Mutter, ein großartiger Vater oder ein toller Schüler zu sein. Oder vielleicht sind Ihre Gaben und Fähigkeiten der Schlüssel. Sie wollen als jemand bekannt sein, der Probleme löst, der weise ist oder besonders gut in seinem Beruf. Wenn Sie jetzt aufschreiben müssten, wofür Sie bekannt sein wollen, was würden Sie schreiben?

Die meisten von uns haben ganz gute Ziele. Ich kenne niemanden, der sagen würde: „Ich will dafür bekannt sein, eine überforderte, abgehetzte Mutter zu sein, die keinen Draht mehr zu ihren Kindern hat.“ Oder: „Ich will als erfolgreicher Geschäftsmann zum dritten Mal verheiratet sein und keine Zeit für enge Freundschaften haben.“ Wenn wir ehrlich sind, kennen wir die richtige Antwort.

Aber bei den meisten von uns gibt es eine Diskrepanz zwischen dem, was wir sagen, und dem, worin wir wirklich unsere Zeit und Kraft investieren. Was wir sagen, ist eine Sache, aber unser Zeitplan und unsere To-do-Listen spiegeln unsere Worte oft nicht wider. Rational betrachtet haben wir die eine Prioritätenliste und praktisch betrachtet eine ganz andere.

Die zweite Frage ähnelt der ersten sehr, aber sie hakt etwas genauer nach. *Wenn Sie nur für eine einzige Sache bekannt sein könnten, was sollte das sein?*

Wenn Sie Ihr Ziel mit einem einzigen Wort beschreiben müssten – nicht mit einem Satz oder mehreren Worten, sondern mit einem einzigen Wort –, was würden Sie dann sagen? Mir ist klar, dass das nicht leicht ist, aber wenn Sie nur für eine einzige Sache bekannt sein könnten, was sollte das sein? Wenn Ihr Ehepartner, Ihre Kinder oder Ihre Freunde Sie beschreiben würden, mit welchem einen Wort sollten sie die Beschreibung Ihrer Person auf den Punkt bringen?

Vielleicht fallen Ihnen jetzt mehrere Antworten ein. Aber ein bestimmtes Wort sollte ganz oben auf Ihrer Liste stehen. Jede andere Eigenschaft sollte bestenfalls weit dahinter kommen. Ihre Familie und Freunde halten Sie vielleicht für einen wunderbaren Menschen, aber wenn Sie diese eine Eigenschaft nicht haben, dann haben Sie das Wichtigste verpasst. Diese wichtigste Eigenschaft überhaupt, die wir verkörpern sollen, diese höchste Priorität in unserem Leben sollte LIEBE sein!

Es ist nicht falsch, ein wunderbarer Ehepartner, ein toller Vater oder eine klasse Mutter, ein guter Freund, ein hervorragender Künstler, großartiger Geschäftsmann, Seelsorger, Athlet oder was auch immer sein zu wollen. Kreativ, intelligent oder erfolgreich zu sein, ist an sich kein schlechtes Ziel. Wenn wir all unsere Träume verwirklichen oder alle möglichen Dinge erreichen können, ist das großartig. Aber wenn wir nicht vor allem *Liebe* verkörpern, zählt das alles nicht.

Und genau das ist der Schlüssel zu einem einfacheren Leben: Die Liebe muss an oberster Stelle stehen.

Aber die meisten Dinge, die wir tun – ganz gleich, wie gut unsere Absichten dabei sind –, hindern uns daran, wirklich zu lieben. Wir stopfen unser Leben mit komplizierten Dingen voll und nehmen der einen Sache den Raum, die uns das Leben wirklich leichter machen würde. Und dann tun wir immer mehr und lieben immer weniger. Wir brauchen einen ganz praktischen Schlachtplan, um uns auf das zu konzentrieren, worauf es am meisten ankommt.

NACHGEDACHT

- Wie intensiv tanzen Sie den Silicon Valley Shuffle? Wie sieht dieser Tanz in Ihrem Umfeld und Ihrem eigenen Leben aus?
- Was sagt Ihr Zeitplan über die Eigenschaften und Dinge aus, für die Sie bekannt sein wollen? Investieren Sie einen Großteil Ihrer Kraft in die Dinge, für die Sie bei anderen in Erinnerung bleiben wollen? Warum oder warum nicht?
- Was hindert Sie am meisten daran, einen Gang zurückzuschalten und sich das Leben leichter zu machen?
- Gibt es in Ihrem Leben Beziehungen, die unter Ihrer To-do-Liste leiden? Welche sind das?
- Wie können Sie in der kommenden Woche ganz konkret anfangen, mehr zu lieben? Wen? Warum?

KAPITEL 2
„What's Love Got To Do With It?"

Ich kann mich noch daran erinnern, wie ich in den 80er-Jahren beim Autofahren mit Tina Turner gesungen habe: „What's Love Got To Do With It?" Es war eines der eingängigsten Lieder, die ich je gehört habe. Jedes Mal, wenn ich es höre, weckt es Erinnerungen. Aber Sie wissen sicher, wie das ist, wenn man ein Lied lange einfach so mitsingt, ohne sich den Text wirklich bewusst zu machen: Irgendwann merkt man plötzlich doch, was man da singt.

Ich habe mir den Text etwas genauer angeschaut und festgestellt, es geht im Grunde darum, dass es die Liebe wahrscheinlich gar nicht gibt. Sie ist nur ein Ideal. Sie ist ein abgenutztes Gefühl, ein süßer, altmodischer Begriff. Und wer braucht schon ein Herz, wenn es dann doch nur gebrochen wird? Wahre Liebe ist einfach zu selten, zu gefährlich, zu kostspielig. Tina Turner scheint die Sache mit der Liebe aufgegeben zu haben, weil sie nicht weiß, was wahre Liebe ist.

Was hat also die Liebe mit einem einfacheren Leben zu tun? Nun, alles. Liebe und Einfachheit gehören zusammen. Oberflächlich betrachtet mag es keinen Zusammenhang geben – schließlich ist die Liebe nicht immer unkompliziert. Aber die Liebe gibt unserem Fokus und unseren Prioritäten eine neue Richtung. Die Liebe entwirrt diesen komplexen, überlasteten Lebensstil, bei dem wir immer rennen, aber nie ans Ziel kommen.

Ein allumfassendes Prinzip

Der zentrale Bibeltext in diesem Buch wird der wunderschöne Text des Apostels Paulus über die Liebe sein, der in 1. Korinther 13 steht. Paulus ging es in diesem Abschnitt darum, der Gemeinde in Korinth zu helfen, sich auf das Wesentliche zu konzentrieren. Um ihnen zu helfen, ihre verschobenen Prioritäten zu ordnen, gab er den Korinthern ein allumfassendes Prinzip als Richtschnur an die Hand, mit dessen Hilfe sie feststellen konnten, was wirklich zählt. Dieses Prinzip war einfach, aber auch sehr tiefgründig: *Alles ist ohne Liebe nichts.* Wenn wir lernen, unser Handeln, unsere Errungenschaften und unsere Beziehungen an diesem Prinzip zu messen, wird unser Leben sehr viel einfacher. Wäre das eine mathematische Gleichung, dann würde Gott hier sagen:

alles – Liebe = nichts

Paulus hat das so ausgedrückt:

Wenn ich in allen Sprachen der Welt, ja, mit Engelszungen reden kann, aber ich habe keine Liebe, so bin ich nur wie eine dröhnende Pauke oder ein lärmendes Tamburin. Wenn ich in Gottes Auftrag prophetisch reden kann, alle Geheimnisse Gottes weiß, seine Gedanken erkennen kann und einen Glauben habe, der Berge versetzt, aber ich habe keine Liebe, so bin ich nichts. Selbst wenn ich all meinen Besitz an die Armen verschenke und für meinen Glauben das Leben opfere, aber ich habe keine Liebe, dann nützt es mir gar nichts.

1. Korinther 13,1–3

Korinth war eine geschäftige, einflussreiche Stadt – vielleicht ganz ähnlich wie die Stadt, in der Sie leben –, und die dortigen Christen waren sehr damit beschäftigt, in ihren etwas chaotischen Zusammenkünften alle möglichen Geistesgaben zu praktizieren. Doch obwohl die Christen in Korinth hinsichtlich Lehre, Heilungen, Prophetien und vieler anderen guten Aktivitäten eifrig bei der Sache waren, waren ihre Beziehungen gestört. Sie waren eine sehr vielbeschäftigte Gemeinde – und hatten das eigentliche Ziel aus den Augen verloren.

Deshalb erklärte Paulus ihnen dieses allumfassende Prinzip. Sie taten viele gute Dinge, aber sie taten sie aus den falschen Gründen. Wir können bei allem, was wir tun, noch so großartig sein und alle unsere Träume verwirklichen, aber wenn wir das alles ohne Liebe tun, ist es wertlos. Wenn wir genug Wohlstand anhäufen, um uns selbst und unserer Familie ein angenehmes Leben zu ermöglichen, aber die Liebe zu unserem Partner und unseren Kindern kommt dabei zu kurz, dann haben wir das Wesentliche verpasst. Wenn wir Großes erreichen – auch wenn es Gottes Reich voranbringt –, aber wir tun das nicht aus Liebe, wir begegnen den Menschen nicht mit Liebe, dann ist es wertlos. Ohne Liebe ist alles nichts. Das sagt Gott ganz deutlich.

Das Hauptthema der Kapitel 12 bis 14 im 1. Korintherbrief ist die geistliche Reife. Viele kennen das Kapitel 13 als den Text über die Liebe schlechthin. Vielleicht haben Sie ihn auch schon mal eingerahmt gesehen oder haben ihn bei einer Hochzeit gehört. Aber der Hauptgrund, weshalb Paulus hier über Geistesgaben und Liebe schreibt, ist die Frage nach der geistlichen Reife. Was bedeutet es, „geistlich“ zu sein? Wie kann man ein chaotisches Leben wieder auf die Reihe bekommen? Was ist eigentlich am wichtigsten?

Die Korinther hatten so ihre eigene Meinung dazu. Manche glaubten, dass die Gabe, *in fremden Sprachen sprechen* zu können, das Zeichen wahrer Geistlichkeit sei. Schließlich ist so etwas nur durch den Geist Gottes möglich. Andere glaubten, dass die *Prophetie* – die Gabe, Dinge von Gott zu hören und sie an die Menschen weiterzugeben – jemanden geistlich machte. Was konnte denn wichtiger sein, als den Menschen Gottes Wahrheit zu offenbaren? Aber offensichtlich sind diese Dinge noch nicht genug.

> Selbst die edelsten Taten sind wertlos, wenn sie nicht aus Liebe getan werden.

Paulus geht sogar noch viel weiter und sagt nicht nur, dass diese Dinge nicht genug sind – er sagt sogar, dass sie *nichts* sind. Er sagt, dass selbst die edelsten Taten wertlos sind, wenn sie nicht aus Liebe getan werden. Schauen Sie sich nur einmal all die geistlichen Aktivitäten und Verhaltensweisen an, die er aufführt:

- durch Gottes Geist die Sprachen aller Menschen sprechen;
- die Sprache der Engel sprechen;
- die Gabe der Prophetie haben – Gottes Stimme hören und das Gesagte an andere weitergeben;
- die Gabe der Erkenntnis haben;
- alle Geheimnisse kennen;
- die Glaubenskraft besitzen, Berge zu versetzen;
- seinen gesamten Besitz verschenken;
- als Märtyrer sterben.

Für die meisten von uns wäre diese Liste ein ziemlich beeindruckender Beweis für geistliche Reife. Aber was sagt Paulus über ihren Wert, wenn keine Liebe im Spiel ist? Sie ist nichts wert. Wenn die Liebe fehlt, macht das den Nutzen der ansonsten guten Verhaltensweisen und Taten zunichte. Alles, was den Korinthern so wichtig war, war *nichts* wert, wenn nicht die Liebe dahinterstand.

Das verrät viel über die Aktivitäten, mit denen wir unser Leben füllen. Warum tun wir so viel? Weil wir glauben, dass dadurch unser Leben besser wird. Wir sind überzeugt, dass wir einen etwas höheren Lebensstandard erreichen, wenn wir etwas mehr arbeiten und dadurch etwas mehr verdienen. Wir glauben, wenn die Kinder an mehr Aktivitäten teilnehmen, können sie ihre Gaben besser entwickeln und Freundschaften aufbauen. Wir denken, wenn wir mehr in der Gemeinde mitarbeiten, hilft das mehr Menschen, wir fühlen uns besser, und es hilft, Gottes Reich zu bauen. Und das stimmt – in gewisser Weise. All diese Dinge sind an sich gut. Aber sie alle können aus falschen Motiven heraus getan – sogar zu viel getan – werden. Wenn sie nicht aus Liebe heraus und in Liebe geschehen, dann sind sie, so Paulus, wertlos. Und wenn sie uns davon abhalten, den Menschen in unserem Umfeld einfach nur mit Liebe zu begegnen – ganz persönlich und direkt –, dann rauben sie uns das, was wirklich wichtig ist. Wenn man mehr tut, heißt das nicht automatisch auch, dass man mehr liebt.

Deshalb können wir, genau wie die Korinther, mit allen möglichen guten Dingen beschäftigt sein und trotzdem lauter kaputte Beziehungen haben. Die Korinther haben übereinander getratscht, um Aufmerksamkeit gewetteifert und waren zerstritten. Ihre geistlichen Gaben, ganz gleich, wie beeindruckend sie waren, konnten ihre Probleme nicht lösen. Ihr Dienst in der Gemeinde konnte ihr Familienleben nicht in Ordnung bringen. Sie waren in Wahrheit gar nicht so geistlich, wie sie glaubten.

Und wenn in unserem Leben viel Aktivität, aber wenig Liebe ist, dann sind wir es auch nicht.

Paulus schreibt, dass es noch einen besseren Weg gibt.

Die Überlegenheit der Liebe

Vielleicht können wir besser verstehen, was Gott uns hier sagen will, wenn wir den Text einmal mit etwas Abstand und aus einem psychologischen Blickwinkel heraus betrachten. Man beachte die Steigerung in den Versen 1 bis 3:

- Wenn ich lieblos spreche (etwas *leiste*)
  = *bewirkt* das gar nichts!
- Wenn ich viele Gaben habe (etwas *besitze*), aber lieblos bin
  = *werde* ich nichts!
- Wenn ich opferbereit bin (etwas *biete*), aber lieblos
  = *nützt* es mir nichts!

Der Apostel spricht hier unser Verlangen nach Bedeutung an und die Art und Weise, wie wir sie zu erlangen versuchen. In unserem heutigen Sprachgebrauch konnte man das so ausdrücken:

- Leistungsorientierung: Ich bedeute etwas, weil ich etwas tue.
- Materialistische Orientierung: Ich bedeute etwas, weil ich etwas besitze.
- Ressourcenorientierung: Ich bedeute etwas, weil ich etwas zu bieten habe.

Wenn es um Beziehungen geht, sind diese Dinge Sackgassen. Man bemerke auch die Steigerung der Nutzlosigkeit in diesen Versen: *es bewirkt nichts → ich werde nichts → es nützt nichts.*

Mit anderen Worten: Sie verschwenden Ihre Zeit und Ihr Leben, wenn Sie all diese Dinge und Fähigkeiten nicht dazu nutzen, Menschen mit Liebe zu begegnen.

Wenn die Liebe also nicht unser oberstes Ziel ist, dann gerät unser Leben aus der Bahn.

Die Auswirkungen solcher falschen Prioritäten lassen sich auf drei Arten zusammenfassen:

Mithilfe der großartigsten Gaben und Fähigkeiten etwas zu ***leisten****, bewirkt ohne Liebe gar nichts.* Manche von uns haben gelernt, dass sie Leistung bringen müssen, wenn sie Streicheleinheiten und Anerkennung bekommen wollen. Das fühlt sich zwar gut an, ist aber in Wirklichkeit nur ein billiger Ersatz für wahre Liebe und enge Beziehungen. Aufmerksamkeit ist nicht das Gleiche wie Liebe.

Ich wünschte, Sie könnten eine Gruppe von Freunden kennenlernen, die sich die „Prime Movers“ nennen. Es geht dabei um ein Jüngerschaftsprogramm speziell für Manager, Geschäftsinhaber und Jesus-Nachfolger, die in der ersten Hälfte ihres Lebens großen persönlichen und finanziellen *Erfolg* hatten und die sich danach sehnen, in der zweiten Hälfte ihres Lebens etwas wirklich *Bedeutungsvolles* für das Reich Gottes zu erreichen.

Wir treffen uns in Gruppen von sechs bis acht Personen und tauschen uns sehr persönlich und ehrlich aus. Sie wären schockiert, wenn Sie ihre Geschichten hören würden. Millionäre, Profisportler, Geschäftsführer und Leiter aus allen möglichen Bereichen erzählen von der Last, die viele von ihnen dazu trieb, immer mehr zu leisten, um die Anerkennung anderer zu bekommen, nur um dann zu erleben, wie leer sich Erfolg ohne Liebe anfühlt.

Die besten, schönsten, tollsten Dinge zu ***besitzen****, die Sie sich nur vorstellen können, bringt ohne Liebe gar nichts.* Paulus spricht im 1. Korintherbrief zwar von Geistesgaben, aber in einer materialistischen Gesellschaft wie der unseren trifft das sogar noch mehr zu. In Gedanken stecken wir den anderen in Schubladen, je nachdem, was für ein Auto er fährt, in welcher Gegend er wohnt, welchen Titel oder welche Position er hat, in welche Schule seine Kinder gehen und so weiter. Doch all die materiellen Dinge und Privilegien – und das Ansehen, das uns diese Dinge unserer Meinung nach bringen – halten nicht, was sie versprechen. Die Menschen werden von so unwichtigen Dingen angetrieben wie beispielsweise, wie schnell sie die Karriereleiter hinaufklettern oder wie gut ihre Kinder schon in der Grundschule eine Fremdsprache sprechen und ein Instrument spielen können. Und so leben sie praktisch in ihren dicken Autos und stopfen nur hastig etwas zu essen in sich hinein, während sie von Termin zu Termin hetzen. Oder Ehepaare geben sich den ganzen Tag über nur die Klinke in die Hand und haben bloß abends, wenn sie ins Bett gehen, kurz Zeit für ein Gespräch – um diesen ermüdenden Kreislauf dann am nächsten Morgen wieder neu anzufangen. Wir wissen, dass es mehr geben muss, und glauben, dass das hier nur „eine Weile" so gehen wird, aber diese Weile endet nie. Die To-do-Liste wird immer länger, die Aktivitäten der Kinder werden immer mehr, und eines Tages schauen wir zurück und stellen fest, dass wir die meiste Zeit unseres Lebens nur nach dem Wind gehascht haben.

Die Menschen werden von so unwichtigen Dingen angetrieben wie beispielsweise, wie gut ihre Kinder schon in der Grundschule eine Fremdsprache sprechen und ein Instrument spielen können.

Aufopferungsvoll für nahestehende Personen, für bedürftige Menschen oder auch die großartigsten Projekte zu **geben**, *nützt ohne Liebe gar nichts.* Die meisten von uns leben nicht absichtlich in einem so kranken Tempo. Viele erzählen mir, dass sie versucht haben, einen Gang zurückzuschalten, aber immer wieder mitgerissen werden. Aber da wir alle versuchen, jetzt und für die Zukunft so gut wie möglich für die Kinder und uns selbst zu sorgen, haben wir das Gefühl, dass wir niemals aus diesem Hamsterrad herauskommen.

Das führt dazu, dass viele von uns abgehetzt und überlastet sind und sogar mit den besten Freunden und der eigenen Familie nur oberflächliche Beziehungen pflegen. Ganz unbewusst hat sich die Überzeugung eingeschlichen, dass es im Leben doch um hohe *Leistungen*, viel *Besitz* und gute *Fürsorge* geht. Wir machen unseren Wert und unsere Bedeutung doch an Leistung und Besitz fest und nicht an der Qualität unserer Beziehungen, und das hat Folgen: Es ist nicht gut für unsere Seele, unsere Ehe, unsere Kinder und unsere Freundschaften.

Ein Rezept für Freiheit

Genug der Diagnose und Beurteilung. Wenden wir uns der Lösung zu. Gestehen wir uns doch ein, dass wir so ziemlich alle zu gehetzt leben, zu viel tun und zu wenig lieben. Wie können wir mit Gottes Heiligem Geist in uns zusammenarbeiten und zu den liebevollen Menschen werden, die wir alle so gerne sein möchten? Was ist der Schlüssel zu dieser Verwandlung? Ich glaube, ein Arzt würde jetzt seinen Rezeptblock zücken und die folgenden drei Dinge aufschreiben:

Heilmittel Nr. 1:
Das Geheimnis eines einfacheren Lebens ist der Fokus.
Das ist jetzt vielleicht keine weltbewegende Neuigkeit, aber es stimmt trotzdem. Wir müssen weniger tun, aber das, was wir tun, auf eine tiefgehendere, beziehungsorientierte Art und Weise. Viele haben das schon versucht und auch durchgehalten – wenigstens ein paar Tage oder vielleicht sogar Wochen. Aber es funktioniert nur, wenn wir immer wieder das bejahen, was am wichtigsten ist.

Das kann extrem schwierig sein, wenn wir Heilmittel Nr. 2 nicht wirklich begriffen haben. Wie das geht, besprechen wir noch auf den nächsten Seiten.

Heilmittel Nr. 2:
Sie können nur dann weniger tun, wenn Sie sich entscheiden, mehr zu lieben.
Für mich war das der hilfreichste Teil. Ich habe immer wieder versucht, meinen Terminplan zu optimieren. Ich lese Bücher über Zeitmanagement, stehe früh auf und bin multitaskingfähig. Und trotzdem scheinen sich meine Aufgaben zu vervielfältigen, bis ich nur noch am Rotieren bin. Meine Termine zu optimieren ist also nicht die Lösung. Wenn die Dinge, die wirklich wichtig sind, ganz oben auf meiner Prioritätenliste landen sollen, muss ich mich bewusst dafür entscheiden, mehr zu lieben. Einfach nur zu manchen Dingen auf der To-do-Liste Nein zu sagen, funktioniert nicht. Ich muss lernen, zu den Dingen Ja zu sagen, die wichtiger sind.

Richtig klar wurde uns das, als wir feststellten, dass Theresa Krebs hatte. Noch nie habe ich so schnell und leicht zu so vielen anderen Dingen Nein gesagt wie in dieser Zeit. Zeit mit ihr zu verbringen und sie während der Behandlung zu begleiten, war sofort meine oberste Priorität. Später werde ich mehr davon erzählen, aber ich bekam auch an anderer Stelle noch Einblicke in das, was wirklich wichtig ist. Einen dieser Momente, die meine Perspektive völlig verändert haben, erlebte ich vor einigen Jahren auf einer Reise nach Südafrika und Simbabwe. Ich hatte es mir zur Gewohnheit gemacht, wenigstens einmal im Jahr ins Ausland zu reisen, aber einige Jahre war ich nicht in der Lage dazu gewesen. Ich führte ein sehr hektisches Leben und hatte viel um die Ohren, aber ich wusste, wenn ich jetzt nicht etwas Abstand und eine neue Perspektive bekam, würde ich mich immer stärker in diesem Größer-Besser-Schneller-Mehr verlieren. Also verbrachten Theresa und ich einige Zeit mit Pastoren in Südafrika und besuchten dann noch eine Arbeit unter Waisenkindern, die wir unterstützen. Ich wusste, dass es meinen Blickwinkel verändern würde, wenn ich in die Augen von Waisenkindern sah, die in Wellblechhütten lebten.

> Meinen Zeitplan zu optimieren, ist also nicht die Lösung. Ich muss mich bewusst dafür entscheiden, anderen mit mehr Liebe zu begegnen.

Wir besuchten ein Heim in Simbabwe, wo etwa zehn Mädchen mit zwei älteren Frauen leben. Sie bekommen eine ordentliche Mahlzeit, bebauen einen Garten, halten Hühner und lernen aus der Bibel. Als wir aus dem Auto stiegen, kam eines der Mädchen mit einem breiten Lächeln auf uns zu. Sie war normalerweise eher schüchtern, aber jetzt kam sie auf mich zu und streckte mir ihre Arme entgegen. Ich nahm sie auf den Arm und lief die nächste halbe Stunde mit ihr auf dem Arm herum. Ihr Name war „Blessing“ – „Segen“.

Dann sprachen wir mit einem dreizehnjährigen Mädchen, das man im Alter von fünf Jahren von der Straße geholt hatte. Einem vier- oder fünfjährigen Waisenkind kann viel passieren, wenn es durch die Straßen irrt, und dieses Mädchen hatte schon einige schwere Dinge durchgemacht. Aber nach einigen Jahren im Waisenhaus fing dieses redegewandte Mädchen an, von seiner Beziehung zu Jesus und zu den Menschen um sich herum zu erzählen. Sie strahlte, als sie erzählte, wie sehr sie geliebt wurde. Und als ich so dasaß, mit Blessing auf meinem Schoß und diesem Mädchen vor mir, das die Bekanntschaft mit Gottes Liebe gemacht hatte, wurde mir bewusst, dass diese Kinder etwas hatten, dem so viele von uns nachjagen. Sie brauchen keine Schlafmittel, um einzuschlafen. Sie haben keine langen To-do-Listen. Ihr Leben ist ganz einfach und sie sind mit den liebevollen Beziehungen zu den Menschen in ihrem Umfeld zufrieden.

Wie ich es geschafft habe, zwei Wochen mit Waisenkindern und Pastoren an schwierigen Orten zu verbringen? Ich habe zu einigen Dingen auf meiner Prioritätenliste Nein gesagt und habe zu etwas Ja gesagt, das meine Liebe aufblühen lässt. Als ich zurückkam, fühlte ich mich reicher, erfüllter und sehr viel weniger gestresst.

Heilmittel Nr. 3:
Man definiert Erfolg anders, wenn man andere Fragen stellt.
Das dritte Puzzleteil zu unserer Veränderung ist, dass wir „Erfolg“ neu definieren. Das ist nicht leicht, denn wir leben in einer Kultur, die Erfolg über Errungenschaften (und die Anerkennung, die damit einhergeht), Wohlstand, Ansehen, Schönheit und die richtigen Beziehungen definiert (nicht zu verwechseln mit echten Freunden), denn das wird in unserer Kultur am

meisten geschätzt. Wenn wir kein gepolstertes Bankkonto, keine einflussreiche Stellung, kein attraktives Äußeres oder Anerkennung für unsere Leistungen haben – oder wenigstens zwei oder drei dieser Dinge –, dann haben wir nicht das Gefühl, dass wir erfolgreich sind. Selbst wenn wir reich an den Dingen sind, auf die es ankommt – Glaube, bedingungslose Liebe, eine innige Beziehung zu Gott und anderen –, neigen wir noch dazu, unseren „Erfolg" so zu messen, wie unsere Gesellschaft es tut.

Das muss sich ändern. Zum einen stimmt unsere Definition von Erfolg nicht mit der von Gott überein. Sollte das kein Warnsignal sein? Aber abgesehen davon führt uns unsere Definition von Erfolg auf einen schlüpfrigen Pfad. In unserem Bemühen, *Leistung* zu bringen, *Besitz* anzuhäufen und zu *geben*, stellen wir die falschen Fragen und erhoffen dann die Zustimmung der Menschen um uns herum. Das ist ein ziemlich ungesundes Verhaltensmuster.

Was mir am meisten geholfen hat, war, drei grundlegende Fragen zu erkennen, die ich mir bislang unbewusst gestellt hatte, und sie durch Fragen zu ersetzen, die uns antreiben, wenn unser Leben von Liebe bestimmt ist. Wir fangen an, Erfolg neu zu definieren, wenn wir andere Fragen stellen:

- Nicht: „Wie war ich?", sondern: „Wer werde ich?"
- Nicht: „Was habe ich?", sondern: „Wie gebrauche ich, was ich habe?"
- Nicht: „Wie viel gebe ich?", sondern: „Warum gebe ich?"

Vielleicht sollten Sie sich diese Fragen auf eine Karteikarte schreiben und sie dann in den nächsten Wochen immer wieder lesen. Sie werden überrascht sein festzustellen, wie sehr unser

Getriebensein und unser Gehetztsein in der verborgenen Angst vor der Antwort auf diese Fragen wurzeln. Schauen wir einmal, welche Auswirkungen das für uns hat.

Die erste unterschwellige Frage lautet: „Wie war ich?“ Das ist die Frage nach der Leistung. Es fängt schon in unserer Kindheit an – mit unseren Eltern, Lehrern oder Trainern – und zieht sich bis ins Erwachsenenalter – mit unserem Chef, dem Vorstand, den Verkaufszahlen und allem und jedem, woran Erfolg gemessen wird. Die viel bessere Frage ist: „Wer werde ich?“ Das ist die Frage nach dem Charakter. Sie richtet den Blick weg von der Leistung hin zu den Eigenschaften, die wir entwickeln wollen.

Die zweite Frage, an der wir uns messen, ist: „Was habe ich?“ Sie hat unseren Besitz im Blick und spornt uns an, immer mehr anzuhäufen. Die viel bessere Frage lautet jedoch: „Wie gebrauche ich, was ich habe?“ Das lenkt den Blick weg von unserem Besitz hin zu unserer Aufgabe als Verwalter der Dinge, die Gott uns anvertraut hat.

Die dritte Frage, die wir uns gewöhnlich stellen, um zu beurteilen, wie erfolgreich wir sind, ist: „Wie viel gebe ich?“ Anders ausgedrückt: Wie gut sorge ich für die Menschen in meinem Umfeld? Welche Opfer bringe ich, um anderen zu helfen? Auch diese Frage führt zu einer oberflächlichen Antwort und zu einem falschen Eindruck von dem, was wirklich zählt. Die bessere Frage lautet: „Warum gebe ich?“ Das richtet unseren Blick weg von der Größe des Opfers und hin auf die dahinterstehende Motivation – und somit auf die Frage nach der Liebe.

Alle drei Fragen führen weg von messbaren Ergebnissen – die ein guter Hinweis auf unseren „Erfolg“ sein können oder auch nicht – hin zu weniger greifbaren, aber umso wichtigeren Eigenschaften, auf die es wirklich ankommt. Mit anderen

Worten: Wir wenden uns ab von *Leistung*, *Besitz* und *Geben* hin zu Charaktereigenschaften, besonders der Liebe.

Wenn Liebe die Lösung ist, dann …

Ich glaube nicht, dass mir schon einmal jemand begegnet ist, der gesagt hat: „Ich will ein komplexes, überforderndes, anstrengendes Leben führen." Dagegen haben mir schon Hunderte von Menschen gesagt, dass sie ihr Leben einfacher, langsamer und zielgerichteter führen wollen – meistens soll es stärker auf Gott, Beziehungen, ihre Ehe oder Familie ausgerichtet sein. Aber diesem Satz folgt fast immer: „Aber ich weiß nicht, wie. Ich habe es versucht, aber ich gerate immer wieder in den alten Trott."

Ihnen ist sicher aufgefallen, dass es bei diesem Rezept für Freiheit nicht darauf hinausläuft, wie man weniger tun oder öfter Nein sagen kann. Darum geht es hier nicht. Das haben wir alle schon versucht und nur sehr wenige von uns hatten damit Erfolg. Das Geheimnis liegt darin zu lernen, die Kraftquelle Jesu anzuzapfen und auf diese Weise Ja zum Lieben zu sagen.

Aber wenn Mehr-Lieben der Schlüssel ist, dann wirft das einige sehr wichtige Fragen auf. Wenn die Liebe die Antwort ist, dann sollten wir uns unbedingt damit beschäftigen, wie wahre Liebe wirklich aussieht. Was ist Liebe? Wie können wir sie praktizieren? Im nächsten Kapitel werden wir uns auf den Weg dorthin machen. Nehmen Sie sich zuerst noch einen Augenblick, um über die folgenden Fragen nachzudenken. Denken Sie daran, dass es darum geht, lieben zu lernen, und nicht darum, dieses Buch möglichst schnell zu lesen. Nehmen Sie sich Zeit. Denken Sie nach. Reden Sie mit Gott. Genießen Sie die Reise.

Nachgedacht

- Was hat die Liebe damit zu tun, wenn Sie versuchen wollen, Ihr Leben einfacher zu gestalten?

- Wie haben Sie bisher versucht, in Ihrem Leben aufzuräumen und es einfacher zu gestalten? Welche Erfahrungen haben Sie damit gemacht?

- Wie können wir erkennen, ob die Motivation hinter unserem Handeln und unseren Beziehungen Liebe oder etwas anderes ist?

- Wenn Sie Erfolg definieren müssten, was hätten Sie dann früher geantwortet? Inwiefern hat Ihr Lebensstil diese Definition widergespiegelt? Wie würden Sie Erfolg jetzt definieren?

- Haben Sie schon einmal Dinge erlebt, die Ihren Blickwinkel verändert und Ihre Prioritäten neu geordnet haben? Wenn ja, welche dauerhaften Auswirkungen hatten diese Erlebnisse? Was können Sie ganz praktisch tun, um dauerhaft mit einem neuen Blickwinkel zu leben?

KAPITEL 3
„Love Is The Answer"

Was haben England Dan und John Ford Coley mit dem Apostel Paulus gemeinsam? Alle drei waren der Überzeugung: „Love Is The Answer" – „Liebe ist die Antwort". Dan und Coley waren ein berühmtes Pop-Duo aus Texas, das in den 1970ern unter anderem mit diesem Lied bekannt wurde, und Paulus schrieb den weltweit wohl bekanntesten Text über die Liebe.

Selbst diejenigen, die noch nie eine Bibel aufgeschlagen haben, kennen wahrscheinlich diesen Abschnitt aus 1. Korinther 13, den wir im letzten Kapitel gelesen haben. Leider denken die meisten Menschen, es handle sich hierbei einfach nur um eine wunderschöne Beschreibung der „idealen Liebe", die man sich einrahmt oder bei Hochzeiten vorliest. Nichts könnte weiter von der Wahrheit entfernt sein. Diese Worte waren an eine Gemeinde gerichtet, in der Uneinigkeit herrschte. Trotz ihrer vielen Gaben und guten Werke hatte ihr Mangel an Liebe zu völlig verschobenen Prioritäten, zerrütteten Beziehungen und ständigen Konflikten geführt. Sie trieben einander unablässig an, aber ihnen fehlte das eine, was am wichtigsten gewesen wäre. Paulus schrieb ihnen daraufhin, dass die Liebe die Antwort auf ihre Probleme sei.

Wenn Liebe die Antwort ist, dann ist es besonders wichtig zu verstehen, was Liebe oder Lieben eigentlich ist. Das Wort wird in unserer Sprache und Kultur auf so unterschiedliche Weise gebraucht, dass damit alles gemeint sein kann – vom Lieblingsgericht über ein Hobby bis hin zur lebenslangen Beziehung mit dem Ehepartner. Wenn wir beschließen, mehr zu lieben, dann müssen wir wissen, wie Liebe aussieht.

Was Liebe nicht ist. Wenn der Begriff in der Bibel erwähnt wird, ist damit kein bloßes Gefühl gemeint. Wenn wir beschließen, andere mehr zu lieben, setzen wir Liebe oft mit einem angenehmen Gefühl gleich, das uns glücklich macht, und dann versuchen wir, dieses Gefühl so oft wie möglich in uns zu wecken. Zur Liebe gehören sicher hin und wieder auch Gefühle, aber sie sind nicht die Grundlage. Liebe ist die Entscheidung, andere gut zu behandeln. Das fängt mit den Menschen an, die uns am nächsten stehen – Mitbewohner, Ehepartner, Familie (einschließlich der Schwiegereltern), Freunde. Aber es geht weiter bis zu entfernten Bekannten und sogar unseren Feinden. Aus uns selbst heraus können wir diese Liebe nicht aufbringen, aber Gott wird sie uns schenken, wenn wir ihn darum bitten.

Aus uns selbst heraus können wir diese Liebe nicht aufbringen, aber Gott wird sie uns schenken, wenn wir ihn darum bitten.

Was Liebe ist. In 1. Korinther 13 definiert Paulus Liebe nicht einmal. Er beschreibt sie. Obwohl diese Verse sich gut als Trau vers oder eingerahmt an der Wand machen, wurden sie doch zu einem völlig anderen Zweck geschrieben. Dieser Abschnitt sollte das vielbeschäftigte, verdrehte, überforderte, irregeleitete Leben der Christen in Korinth korrigieren. Deshalb nennt Paulus fünfzehn Eigenschaften der Liebe, von denen jede darauf abzielt, eine bestimmte Fehlfunktion in ihren jetzigen Beziehungen zu korrigieren. Es ist ein Kapitel, das Liebe sehr praktisch beschreibt.

Und das werden wir uns auf den nächsten Seiten genauer ansehen: was es bedeutet, unser Leben einfacher zu gestalten, indem wir weniger tun und mehr lieben. Wenn wir zulassen, dass diese Wahrheiten unser Herz und unser Handeln immer stärker bestimmen, werden wir feststellen, dass wir zielgerichteter, stressfreier, mit besseren Beziehungen und sinnvoller leben.

Aus Erfahrung wissen wir, dass der Kleinkram umso wichtiger wird, je weniger Bedeutung der Liebe zukommt. Das Wichtige wird nebensächlich und das Nebensächliche wird wichtig. Wenn wir uns heutzutage umschauen, merken wir, dass die Menschen sich danach sehnen, ihr Leben mit anderen zu teilen, die wirklich Anteil nehmen und bereit sind, tiefe Beziehungen einzugehen. Sie sehnen sich danach, der Liebe mehr und dem Kleinkram weniger Bedeutung einzuräumen. Als Pastor fällt mir auf, dass die Menschen den Wunsch nach Lebensqualität verspüren und nicht nach möglichst viel Aktivität. Wir fangen an zu verstehen, dass man nicht beides gleichzeitig haben kann. Echte, wahre Liebe ist das, wonach wir suchen.

Wie können wir der Liebe so viel Bedeutung geben, dass sie oberste Priorität in unserem Leben hat?

Wenn also Liebe der Schlüssel zu einem einfacheren Leben ist, dann stehen wir vor einer ganz großen Frage: Wie können wir der Liebe so viel Bedeutung geben, dass sie oberste Priorität in unserem Leben hat und die Dinge, die uns so stressen, unwichtiger und weniger herausfordernd werden? Wir müssen lernen, im Alltag zu lieben. Liebe darf nicht nur ein Mittel zur Motivation sein, das je nach Persönlichkeit für dreißig Sekunden oder auch für dreißig Stunden funktioniert. Bei Liebe geht es nicht darum, sich noch mehr anzustrengen, es geht auch nicht um Binsenweisheiten oder einen emotionalen Appell. Und Liebe ist auch keine reine Theorie – wohlklingende Prinzipien, die aber in Wirklichkeit nicht funktionieren. Wir brauchen einen ganz praktischen, bodenständigen Ansatz, um in unserem Alltag aus dem Substantiv „Liebe“ ein Verb zu machen. Und genau den bietet uns Paulus in 1. Korinther 13. Wir werden entdecken, dass dieses Kapitel der Bibel wirklich *die Antwort* ist auf die Frage, wie man in Alltagssituationen andere lieben kann. Hier und in den nächsten Kapiteln werden wir uns vier Fragen stellen, die auf 1. Korinther 13 basieren. Fangen wir mit Frage Nr. 1 an.

FRAGE NR. 1:
Wie reagiert Liebe auf Verletzungen?

Liebe ist geduldig und freundlich. Sie ist nicht verbissen, sie prahlt nicht und schaut nicht auf andere herab.

1. Korinther 13,4

Paulus fängt mit seiner Beschreibung der Liebe in Vers 4 an: „Liebe ist geduldig und freundlich.“ Denken Sie daran, dass er sich damit an vielbeschäftigte, zerstrittene Gläubige wendet, die völlig verdrehte Prioritäten haben. In dieser Gemeinde gibt es alle möglichen Probleme – einige davon werden wir im Laufe des Buches noch besprechen – und eines der größten ist ihr Umgang miteinander. Die ersten beiden Merkmale der Liebe sprechen direkt das Problem an, wie die Korinther auf Verletzungen reagieren.

Wie reagieren Sie, wenn jemand Sie verletzt?

Wir wurden alle schon einmal verletzt. Man stellt schon recht früh im Leben fest, dass Schmerz unausweichlich dazugehört.

Und merkt in der Gemeinde ziemlich schnell, dass auch Christen einander verletzen. Wir werden verletzt – in der Familie, in der Gemeinde, unter Kollegen und Bekannten – einfach überall. Die Wahrscheinlichkeit ist immer gegeben. Es ist unmöglich, echte, tiefgehende Beziehungen zu haben, ohne dabei irgendwann verletzt zu werden. Die Frage ist nur, wie wir darauf reagieren, wenn jemand uns verletzt. Manche wollen es dem anderen heimzahlen und das tun sie mit schneidenden Worten oder indem sie passiv-aggressiv sind. Andere reagieren mit Rückzug, indem sie dem Betreffenden aus dem Weg gehen oder sogar die Beziehung einfach abbrechen. So wollen wir uns vor weiteren Verletzungen schützen. Aber wenn wir lernen, unsere Verletzungen zu verstehen und vor allem auch die Liebe, die diese Verletzungen mehr als wettmacht, können wir lernen, andere wirklich zu lieben.

Es ist unmöglich, echte, tiefgehende Beziehungen zu haben, ohne dabei irgendwann verletzt zu werden.

Gewöhnlich fühlen wir uns verletzt, weil jemand unser Streben nach *Leistung*, *Besitz* oder *Geben* bedroht. Die Wunden, die andere uns zufügen, gehen in den Bereichen am tiefsten, in denen wir am meisten nach Erfolg streben – wenn es um unseren Ruf oder unsere Errungenschaften geht. Aber was wäre, wenn wir unsere Sicherheit, unseren Wert ausschließlich aus der Tatsache beziehen, dass wir zu Jesus gehören? Was wäre, wenn wichtiger noch als unser Streben nach Leistung, Besitz oder Geben die Tatsache wäre, dass wir schon angenommen sind, ewige Reichtümer besitzen und alles haben, was wirklich zählt? Was wäre, wenn wir lernen würden, uns auf die Liebe zu konzentrieren statt auf unser Image oder unser Handeln? Dann müssten wir uns gar nicht mehr abstrampeln oder verteidigen. Man könnte uns praktisch nicht mehr verletzen.

Denken Sie einmal darüber nach, wie mühsam es ist, Verletzungen mit sich herumzutragen. Wir machen alle möglichen Gedankenspielchen, um zu beweisen, dass wir missverstanden wurden, oder um jemandem eine Kränkung oder Beleidung heimzuzahlen, selbst wenn sich alles vielleicht nur in unserem Kopf abspielt. Verletzungen sind eine schwere Last, und wenn man bedenkt, wie viel Liebe Gott uns geschenkt hat, sind sie auch noch komplett überflüssig. Wenn wir uns weigern, sie mit uns herumzuschleppen, wird das Leben sehr viel einfacher. Aber wie geht das? Wie können wir mit Geduld unsere Verletzungen überwinden und stattdessen mit Liebe antworten? Dazu müssen wir verstehen, was Gott meint, wenn er uns auffordert, „geduldig" zu sein.

Das griechische Wort, das an dieser Stelle verwendet wird, ist *makrothymeo* – von *makro* (groß, weit, ausgedehnt) und *thymos* (Lebenskraft). Geduld ist also „ausgedehnte Lebenskraft". In manchen Übersetzungen steht an dieser Stelle auch „langmütig" oder „einen langen Atem haben". Hier ist nicht Geduld unter schwierigen Umständen gemeint, sondern im Umgang mit Menschen. Die verletzende Bemerkung, dieser schwierige Mensch, die Einladung, die alle außer Ihnen bekommen haben – alles, was Sie dazu veranlasst, sich zu verschließen oder zurückzuschlagen. Liebe reagiert mit Geduld. Normalerweise reagieren wir, indem wir voller Leidenschaft oder Wut zurückschlagen. Aber die Geduld lässt zu, dass Gott unsere Wut entschärft. Sie dämpft die Verletzung und Ablehnung. Immer wieder. Sie verfällt nicht in natürliche oder voreilige Reaktionen. Sie erträgt die Verletzung, statt sich zu rächen.

Liebe ist auch *freundlich*. Sie reagiert so, wie die Person, die Sie verletzt hat, es am wenigsten verdient: mit Freundlichkeit, Gefälligkeiten und Ermutigung. Die meisten von uns reagieren nicht so auf Verletzungen. Wir vergeben vielleicht – und das auch nur zähneknirschend und nach längerer Zeit –, aber wir überlegen uns normalerweise nicht, wie wir die Person, die uns verletzt hat, ermutigen oder bestätigen können. Aber genau das tut die gütige Liebe. Sie erkennt, warum sich die meisten Menschen so schlecht benehmen: Sie wurden selbst verletzt. Jemand hat sie verletzt, und aus ihrer eigenen Unsicherheit heraus fügen sie, meistens unbeabsichtigt, anderen jetzt den gleichen Schmerz zu. Statt diese Wunden durch harsche Reaktionen noch schlimmer zu machen, bietet die Liebe heilende Worte oder Taten.

Ich will Ihnen ein bildhaftes Beispiel dafür geben – eine symbolische Beschreibung, die das Verhalten von Geduld und Freundlichkeit verdeutlicht.[2] Stellen Sie sich vor, Sie würden die Schläge wie ein Kissen abfangen und dann mit einer sanften Umarmung darauf reagieren. So sehen Geduld (Schläge abfangen) und Freundlichkeit (sanfte Umarmungen) aus. Natürlich gibt es Momente, in denen wir klare Grenzen ziehen müssen. Es gibt Situationen, in denen andauernder Missbrauch oder schädliche Verhaltensmuster eine kluge Reaktion erfordern. Geduldig und freundlich zu sein heißt nicht, dass wir andauerndes schädliches Verhalten über uns ergehen lassen müssen. Aber können Sie sich vorstellen, was – abgesehen von solchen Ausnahmen – in Ihren alltäglichen Beziehungen zu Hause oder auf der Arbeit passieren würde, wenn Sie Schläge wie ein Kissen abfangen und stattdessen mit Freundlichkeit erwidern würden? Wie viel Knatsch, Streitereien und Verletzungen könnten vermieden werden, wenn Sie Gott diese Woche bewusst bitten würden, Ihnen zu helfen, auf Verletzungen mit Liebe zu reagieren? Sie werden erstaunt feststellen, dass Spannungen und Konflikte nicht länger eskalieren, sondern sich lösen, wenn Sie die Schläge abfangen und auf Verletzungen mit einer Umarmung antworten.

Das hat auch Jesus getan. Als er am Kreuz hing, verraten, abgelehnt, brutal geschlagen, fing er die Schläge ab. Er befahl sich selbst Gott an, vergab denen, die ihn hinrichteten, und nach seiner Auferstehung vergab er auch denen, die ihn verlassen und verleugnet hatten. Warum? Weil die Liebe sich nicht rächt und andere bestraft. Die Liebe hat die Freiheit, die Menschen so zu behandeln, wie es für sie am besten ist.

Die Liebe hat die Freiheit, die Menschen so zu behandeln, wie es für sie am besten ist.

Als Theresa und ich in Südafrika waren, lernten wir eine gläubige Frau kennen, die zu Nelson Mandelas Geheimdienst gehörte. Mandela verbrachte über zwanzig Jahre im Gefängnis, wo er über die Ungerechtigkeit nachdachte, die er persönlich und auch andere Südafrikaner unter dem Apartheidregime erlitten hatten. Es wäre völlig normal gewesen, wenn die jahrelange Gefangenschaft aus ihm einen verbitterten Mann gemacht hätte, der nur auf Rache aus ist. Als Mandela Präsident wurde, flüchteten auch tatsächlich Tausende von Weißen, weil sie genau das befürchteten. Aber diese weiße Frau erzählte uns, wie es war, für ihn zu arbeiten. Er weigerte sich, nur schwarze Leibwächter zu haben. Er weigerte sich, Böses mit Bösem zu vergelten. Er fing den Schlag ab und erwiderte ihn mit einer Umarmung. Er verlangte, dass die Weißen, die die Apartheid eingeführt hatten, mit Freundlichkeit und Geduld behandelt wurden. Das war seine Antwort auf die Verletzungen, die sein Land erlitten hatte. Das ist Liebe. Es brauchte viel Mut und Kraft, aber Mandelas Vorbild und Führung führten zu einer Revolution ohne Blutvergießen.

Verstehen Sie, dass diese Reaktion das Leben viel einfacher macht, als wenn man nachtragend ist und sich ständig überlegt, wie man sich rächen könnte? Konflikte können ermüdend sein – allerdings nur, wenn wir uns nicht weigern, uns darauf einzulassen. Die Liebe macht unsere Beziehungen sehr viel unkomplizierter und lohnenswerter. Sie lenkt den Blick weg von dem, was wir haben, was wir tun und wer wir sind. Stattdessen hilft sie, Beziehungen aufrechtzuerhalten und das Beste für andere zu wollen. Liebe ist unglaublich befreiend!

Diese Art der Liebe übersteigt unser Vermögen. Wir können sie nicht weitergeben, wenn wir sie nicht selbst erlebt haben. Aber wenn wir begriffen haben, dass Gottes Beziehung zu uns nicht auf unserer *Leistung*, dem, was wir *haben* oder *geben*, beruht und dass er unvorstellbar geduldig mit uns ist und uns voller Freundlichkeit begegnet, werden wir merken, dass diese Liebe ganz selbstverständlich von uns zu anderen Menschen fließt. Wenn wir im Innersten begriffen haben, wie sehr Gott uns liebt, können wir diese Liebe auch großzügig weitergeben.

Und um das zu erfahren, müssen Sie nicht versuchen, geduldiger und freundlicher zu sein. Der erste Schritt besteht darin, zuzulassen, dass Gott geduldig und freundlich zu Ihnen ist. Um es mit den Worten aus 1. Johannes 4, Vers 19 zu sagen: „Wir lieben, weil Gott uns zuerst geliebt hat." Mit anderen Worten: Unsere Fähigkeit, ihn und andere Menschen zu lieben, geht auf die Erfahrung zurück, von ihm geliebt zu werden. Wenn wir versuchen, Gottes Liebe an andere weiterzugeben, ohne dass wir sie zunächst selbst erlebt haben, ist das, als wären wir ein Brunnen ohne Wasserquelle. Wir können nichts geben, das wir nicht selbst haben. Manche machen sich Vorwürfe, wenn sie einen Fehler begehen, und haben ihr ganzes Leben lang das Gefühl, nie gut genug zu sein. Das ist Selbstverdammnis und die zerstört unsere Fähigkeit zu lieben. Lassen Sie sich von Gott mit seiner Liebe überschütten. Lassen Sie sich daran erinnern, dass er Geduld mit Ihren Fehlern hat, mit Ihrem Versagen und Ihrer Sünde. Danken Sie ihm für seine Geduld und seine Freundlichkeit, dann werden Sie feststellen, wie Sie anfangen, andere mit der Geduld und Freundlichkeit zu lieben, die er Ihnen erwiesen hat.

Nachgedacht

- Hat jemand Sie einmal so verletzt, dass Sie das Gefühl hatten, diese Verletzung niemals vergeben zu können?

- Wo rauben Ihnen Bitterkeit und ungelöste Konflikte Kraft?

- Können Sie sich an eine Gelegenheit erinnern, bei der Sie geduldig waren (wie ein Kissen, das Schläge abfängt) und freundlich (mit einer Umarmung) reagiert haben, als Sie verletzt wurden? Was waren die Folgen Ihrer Geduld und Freundlichkeit? Wie hat Ihr Gegenüber reagiert?

- Wann waren Sie zuletzt in einen Konflikt verwickelt, der eskaliert ist, weil keine der Parteien geduldig oder freundlich sein wollte? Wie hätte sich die Situation verändern können, wenn eine der beteiligten Personen wahre Liebe an den Tag gelegt hätte?

- Wie beeinflussen Stress, Hetze und vielfältige Anforderungen unser Maß an Geduld mit anderen?

- Wie sehr tröstet es Sie zu wissen, dass Gott Geduld mit Ihnen hat? Wo haben Sie in der letzten Woche, im letzten Monat oder im letzten Jahr konkret seine Freundlichkeit erlebt?

- Lesen Sie die folgenden Worte diese Woche jeden Abend, wenn Sie ins Bett gehen, und jeden Morgen, wenn Sie mit Gott sprechen. Das ist der erste Schritt, wenn Sie Ihr Leben einfacher gestalten wollen.

Lieber Vater,
hilf mir, geduldig und freundlich zu sein, wenn jemand meine Gefühle verletzt, mich beleidigt oder mich so behandelt, dass ich mich abgelehnt fühle oder wütend werde. Ich will wie ein riesiges Kissen sein und den Schlag auf diese Weise abfangen und „mit einer Umarmung“ voller Freundlichkeit und Annahme darauf antworten.

KAPITEL 4

„Love Me Tender"

Am 9. September 1956 sang Elvis Presley in der *Ed Sullivan Show* „Love Me Tender". Das war, kurz bevor die Single herauskam, und etwa einen Monat, bevor der Film in die Kinos kam. Am Tag danach gingen beim Plattenproduzenten RCA eine Million Vorbestellungen ein, und die Single gewann schon, bevor sie auf dem Markt war, eine Goldene Schallplatte.

Der *King of Rock 'n' Roll* hatte mit diesem Lied ins Schwarze getroffen, und das war nicht nur seiner persönlichen Ausstrahlung zu verdanken. Im Songtext geht es darum, für immer zusammenzugehören und bis ans Ende der Zeit angenommen zu sein. Man hört solche Worte oft in Liebesliedern, aber der Refrain – die Aufforderung, zärtlich zu lieben – verrät unsere tiefsitzende Angst, dass unsere Verschiedenheit uns letztlich entzweit. Auf unserem Weg zu einem einfacheren Leben lehrt uns der Apostel Paulus aber auch, wie die Liebe auf diese Unterschiede reagiert.

FRAGE NR. 2:

Wie reagiert die Liebe auf Unterschiede?

Liebe verletzt nicht den Anstand und sucht nicht den eigenen Vorteil, sie lässt sich nicht reizen und ist nicht nachtragend. Sie freut sich nicht am Unrecht, sondern freut sich, wenn die Wahrheit siegt.

1. Korinther 13,5–6

Es heißt oft, es sei ihre Unterschiedlichkeit, aufgrund derer sich zwei Personen zueinander hingezogen fühlen, es sei aber auch ihre Unterschiedlichkeit, die sie wieder auseinandertreibt. Das gilt nicht nur für Liebesbeziehungen, sondern auch für Freundschaften und andere Beziehungen. Die Tatsache, dass Gott uns alle unterschiedlich geschaffen hat, macht diese Welt so interessant – wir schätzen die unterschiedlichen Persönlichkeiten, Hintergründe, Gaben und Talente. Aber diese Unterschiede können auch für erhebliche Spannungen sorgen. Sie können die Liebe zu einer echten Herausforderung machen.

Paulus spricht in seinem Brief viele zwischenmenschliche Probleme unter den Korinthern an, die zu Spaltungen in der Gemeinde geführt haben. Untersucht man den 1. Korintherbrief genauer, dann zeigt sich, dass Paulus ganz konkrete Fehler korrigieren möchte:

- Kapitel 3: Er weist sie zurecht, weil sie aufeinander neidisch sind.
- Kapitel 4–5: Er weist sie zurecht, weil sie stolz sind und angeben.
- Kapitel 6: Er wirft ihnen Egoismus in ihren Streitigkeiten und Gerichtsverfahren vor.
- Kapitel 11: Er weist sie zurecht, weil sie rücksichtslos sind in der Art und Weise, wie sie das Abendmahl feiern.
- Kapitel 12: Er fängt an zu argumentieren, dass all diese Einstellungen und Verhaltensweisen wenig mit Liebe zu tun haben. Er erklärt, wie Liebe funktioniert, und verwendet dabei das Bild des menschlichen Körpers, bei dem alle Körperteile notwendigerweise zusammenarbeiten. Beim menschlichen Körper ist die Verschiedenheit der

Körperteile notwendig und ein Grund zur Freude. Jeder Körperteil ist wichtig für das Funktionieren des gesamten Körpers. Einheit in der Vielfalt.

Liebe feiert die Unterschiede

Paulus führt den Vergleich mit dem menschlichen Körper weiter, um zu zeigen, wie absurd es ist, wenn Christen sich miteinander vergleichen. Wenn der Körper nur aus Augen bestünde, wie sollten wir dann hören? Wenn wir vier Hände, aber keine Füße hätten, wie sollten wir dann gehen? Jeder Körperteil braucht alle anderen. Der Kopf kommt nicht ohne die Füße aus, die Augen nicht ohne die Hände und so weiter. Das Wichtigste ist, wie der Gesamtkörper funktioniert, und nicht, wie viel Prestige die einzelnen Körperteile haben. „Deshalb hat Gott jedem einzelnen Glied des Körpers seine besondere Aufgabe gegeben, so wie er es wollte" (1. Korinther 12,18). Jedes davon ist lebenswichtig.

Wenn man dieses Bild geistlich interpretiert, dann bedeutet es, dass alle möglichen Menschen zur Gemeinde gehören. Sie gehören zu etwas Größerem und Wichtigerem – dem Leib Christi. Mit unterschiedlichem Hintergrund, unterschiedlicher Erfahrung und unterschiedlichen Aufgaben tragen sie alle zur großen Mission und zum Ziel des Leibes Christi bei. Wir mögen unterschiedliche Gaben haben, aber aus Gottes Sicht sind wir deshalb nicht verschieden wichtig oder nützlich. Wir wurden erschaffen, um voneinander abhängig zu sein. Wir wurden erschaffen, damit wir einander brauchen, nicht, damit wir in Konkurrenz zueinander stehen. In Gottes Augen sind wir alle gleich viel wert. Die Gemeinde in Korinth – und das ist auch heutzutage bei vielen Gemeinden so – war gespalten; es gab eine gewisse Cliquenbildung. Paulus antwortet darauf, dass es lächerlich ist, sich miteinander zu vergleichen, wenn man bedenkt, dass Gott die einzelnen Teile geschaffen hat.

Das ist der Kontext, in dem sich Kapitel 13 wiederfindet. Die Liebe ist nicht eifersüchtig, heißt es darin, sie spielt sich nicht auf, sie hat nichts Angeberisches oder etwas, das das Empfinden anderer Menschen verletzt. Wahre Liebe feiert sogar die Unterschiede!

> Wahre Liebe feiert Unterschiede!

Die Gemeinde in Korinth steht damit aber nicht alleine. Ihren Hang zum Lästern, Tratschen und Streiten findet man auch heute immer wieder in Familien, Organisationen, Unternehmen und Gemeinden. Wenn es darum geht, gesunde Unterschiede in ungesunde Spaltungen zu verwandeln, sind wir auch nicht anders als die Menschen zur Zeit des Neuen Testaments. Wir müssen genauso lernen zu lieben wie sie.

Es ist erstaunlich, wie sehr unser kultureller Hintergrund uns unbewusst dazu bringen kann, Menschen kritisch zu beäugen, die wir nicht einmal kennen. Als ich Pastor einer Gemeinde in einer ländlichen Kleinstadt in Texas war, erkannte ich irgendwann, dass ich die Menschen im Stillen wegen ihrer Art, sich zu kleiden, wegen ihres Musikstils und ihrer meiner Meinung nach „engstirnigen" kleinstädtischen Ansichten verurteilte. Als ich acht Jahre später von dort wegging, war mir klar, dass sie mir beigebracht hatten, ein richtiger Pastor zu sein, und dass meine Vorurteile meiner eigenen Arroganz und Unwissenheit entsprungen waren. Die Tiefe und Qualität ihres Lebens und ihrer Beziehung zu Jesus hatten mich auf die nächsten zwanzig Jahre meines Dienstes vorbereitet.

Wenn wir lernen wollen, wie man wirklich liebt, müssen wir lernen, wie man auf Menschen mit unterschiedlicher Persönlichkeit, unterschiedlichem Hintergrund und unterschiedlichen Gaben eingeht. Konflikte führen oft zu Bitterkeit und Ablehnung, und die bergen enormes Potenzial, unser Leben kompliziert zu machen und zu zerstören. Spaltungen und die verletzten Gefühle, die daraus entstehen, sind eine schwere Last, und wir brauchen viel Zeit und Kraft, wenn wir sie verarbeiten wollen. Liebe entwirrt diese Verflechtungen und nimmt den Stress weg. Die Liebe muss einen Konflikt nicht bis ins Letzte analysieren und die perfekte Antwort darauf finden. Sie lässt die Unterschiedlichkeit einfach stehen. Ja, sie freut sich sogar über die Unterschiede und erkennt sie an, weil sie sieht, dass wir selbst und die anderen nur unterschiedliche Teile eines Puzzles sind. Wir haben zwar unterschiedliche Farben und Formen und dienen einem unterschiedlichen Zweck, aber alles passt wunderbar zusammen.

Vergleichen führt immer zu negativen Gedanken

Solange wir nicht begreifen, dass Gott uns absichtlich unterschiedlich erschaffen hat – dass wir wunderbar und einzigartig gemacht sind –, neigen wir immer dazu, uns mit anderen zu vergleichen. Und das Ergebnis dieses Vergleichs ist nie gut. Es führt immer zu negativen Gedanken. Sobald wir anfangen, unsere Gaben oder unsere Position mit denen von jemand anderem zu vergleichen, hält die Sünde Einzug: Wir vergleichen unser Singledasein mit ihrer Ehe, unseren Verdienst mit ihrem und wie nützlich wir in Gottes Reich sind mit dem Ergebnis ihres Dienstes. Entweder fühlen wir uns dann

Solange wir nicht begreifen, dass wir nicht zufällig unterschiedlich sind, neigen wir immer dazu, uns mit anderen zu vergleichen.

minderwertig und werden eifersüchtig oder wir fühlen uns überlegen und werden arrogant.

Wir kämpfen alle mit Neid und Arroganz, aber jeder neigt aus Gewohnheit häufiger zum einen als zum anderen. Es ist also sehr hilfreich zu erkennen, welches von beiden uns mehr Schwierigkeiten bereitet. Unsere Haltung zu Unterschieden kann unsere Beziehungen entweder spalten oder stärken. Wenn wir uns über Unterschiede freuen, fördert das die Liebe zu unseren Mitmenschen. Wenn wir aber Unterschiede als Anlass zum Vergleichen nehmen, tötet sie das ab.

Wenn wir uns mit anderen vergleichen und beschließen, dass wir minderwertig sind – dass wir irgendwie nicht mithalten können oder zu kurz gekommen sind, als Gott die Gaben verteilt hat –, mag das rein äußerlich manchmal demütig wirken. In Wirklichkeit führt es aber zu Bitterkeit und Groll. Und wenn wir uns mit anderen vergleichen und beschließen, dass wir ihnen überlegen sind – dass wir begünstigt worden oder von Natur aus wertvoller sind –, ist das Arroganz. Diese Einstellungen sind aber zwei Seiten der gleichen Medaille. „Sie kennt keinen Neid, sie spielt sich nicht auf, sie ist nicht eingebildet" (1. Korinther 13,4; Neue Genfer Übersetzung). Eifersucht und Überheblichkeit sind sündige Reaktionen auf unsere Verbitterung.

Paulus listet diese beiden häufigsten Reaktionen auf die Unterschiedlichkeit der Menschen auf und beschreibt dann ihre Folgen. Neid und Stolz führen zu Missachtung, Egoismus, Wut und Verurteilung anderer – in Gedanken und in Taten. Vergleichsdenken führt immer zu unbiblischem, geistlich unreifem Verhalten.

Der Vergleich nach oben: Eifersucht

Eifersucht macht sich klein und vergleicht immer nach oben. Sie führt zu Wut, Groll und Verbitterung. Eine Bedeutungsvariante des hebräischen Wortes, das im Alten Testament dafür verwendet wird, ist „zunehmende Hitze“ – das Gefühl, innerlich zu brennen. Es ist, als würde der Fuß auf die Hand schauen und sagen: „Das ist unfair! Ich muss mich ständig mit Staub und Dreck rumschlagen und die Hand wird mit wertvollen Ringen und Nagellack geschmückt. Ich bringe viel Einsatz und bekomme keine Anerkennung. Die Hand darf dagegen Instrumente spielen, Kunst erschaffen oder operieren.“ Das ist das „Du bist wichtig und ich bin ein Niemand“-Syndrom, und das ist nicht schön. Und stimmt noch nicht mal.

Das zeigt sich dann in unserem Leben auf vielfältige Weise: Sie haben für eine Beförderung gebetet, aber jemand mit weniger Erfahrung, geringeren Fähigkeiten und mehr Beziehungen bekommt die Stelle. Sie wünschen sich seit Jahren einen Partner, aber in der Zwischenzeit kamen schon drei Ihrer Mitbewohnerinnen strahlend von einer Verabredung nach Hause und haben verkündet: „Er hat mir einen Antrag gemacht! Ich werde heiraten!“ Sie haben – vergeblich – Ihre Ersparnisse geplündert, um wieder einmal eine künstliche Befruchtung machen zu lassen und endlich ein Kind zu bekommen, während alle anderen Ehepaare in Ihrer Kleingruppe scheinbar schon bei jedem Wetterumschwung schwanger werden. Nach außen hin reagieren Sie darauf gewöhnlich etwa so: „Das ist ja toll. Herzlichen Glückwunsch!“ Aber innerlich ist die Versuchung, „Das ist unfair!“ zu schreien, fast unwiderstehlich.

Das ist das „Du bist wichtig und ich bin ein Niemand“-Syndrom, und das ist nicht schön. Und stimmt noch nicht mal.

An vielen unserer unerfüllten Wünsche ist nichts falsch. Es ist nicht egoistisch oder unbiblisch, sich eine Beförderung, einen Partner, ein Kind oder sonst etwas ganz Natürliches zu wünschen. Das Problem liegt darin, dass wir denken, wir wären Gott wichtiger oder wären vollständiger, wenn er das tun würde, was wir uns von ihm erhoffen. Das ist eigentlich der Kern der Eifersucht – die Überzeugung, dass wir bedeutsamer oder „vollständiger" wären, „wenn nur …". Wenn Gott unsere Erwartungen also nicht erfüllt oder wenn er sich mehr Zeit lässt, als uns lieb ist, haben wir das Gefühl, unfair behandelt zu werden. „Wenn er mich wirklich lieben würde, wäre ich nicht mehr Single." „Wenn er wirklich für mich sorgen würde, hätte ich in der Wirtschaftskrise nicht so viel Geld verloren." „Wenn ihm meine Herzenswünsche wirklich wichtig wären, hätten wir schon mehrere Kinder." „Ich bin mit meinem Kumpel zusammen zur Schule gegangen und wir haben zusammen mit der Lehre angefangen. Aber dann ist seine Karriere steil nach oben gegangen und ich bin nicht weiter gekommen. Gott hat mit ihm wohl mehr vor."

Im Grunde ist Eifersucht die Überzeugung, dass wir bedeutsamer oder „vollständiger" wären, „wenn nur …".

Hinter diesen Gedanken verbirgt sich die Vorstellung, dass Gott nicht wirklich gut ist, dass er *uns* vielleicht hinhält, andere aber nicht. Mit den anderen ist er wohl zufriedener – oder vielleicht sind wir auch nicht so wichtig oder werden nicht so sehr gebraucht, wie wir dachten. Es fängt mit einem Gefühl an, aber dann wird es zu einem Denkmuster. Wir haben das Gefühl, wir seien „weniger wert als …".

Dieser Kampf dauert unser Leben lang und ist vielleicht sogar der größte Kampf, in dem wir überhaupt stehen. Die

Versuchung, Gottes Güte zu misstrauen, steckte auch hinter der allerersten Versuchung im Garten Eden, und irgendwie verbirgt sie sich hinter jeder Sünde, die wir begehen. Denn wenn Gott nicht wirklich gut ist – nicht nur theologisch betrachtet, sondern ganz real und praktisch in unserem Leben –, dann müssen wir die Dinge ja selbst in die Hand nehmen. Wir müssen uns um unsere eigene Sicherheit bemühen oder unsere Zukunft selbst organisieren, weil er es vielleicht nicht tut oder zumindest nicht so, wie wir es gern hätten. Und wenn das dann nicht funktioniert, bestätigt sich all unser Misstrauen. In der Theorie mag Gott ja gut sein, argumentieren wir, aber auf irgendeine mysteriöse Weise zeigt sich seine Güte nicht in unserem Leben. Wir fangen an, daran zu zweifeln, ob wir Gott unsere Herzenswünsche überhaupt anvertrauen können.

Aus diesen bitteren Wurzeln erwächst schließlich Eifersucht, und die führt dazu, dass wir auf Menschen sauer sind, die uns wirklich nichts getan haben. Bewusst oder unbewusst distanzieren wir uns meistens von Personen, die wir beneiden. Es schmerzt zu sehr, zusehen zu müssen, wie sie die Privilegien genießen, die wir so gern hätten, und wir fühlen uns dabei weniger wertvoll. Niemand will sich Situationen aussetzen, die solche Gefühle wecken, und so entfremdet uns die Eifersucht von anderen. Manchmal sickert unser Groll durch und manchmal distanziert er uns einfach von der Beziehung. Aber so oder so ist er nicht förderlich für die Liebe.

Wir fangen an, daran zu zweifeln, ob wir Gott unsere Herzenswünsche überhaupt anvertrauen können.

Normalerweise sprechen wir nicht über diese Gefühle. Wir bitten andere nicht, für unser Problem mit dem Neid zu beten.

Wir kasteien uns innerlich selbst für unsere Wünsche und die Tatsache, dass wir enttäuscht sind, als wären sie sündig. Aber das Wort, das in der Bibel an dieser Stelle gebraucht wird, bedeutet eigentlich „sich etwas sehnlich wünschen", und es wird in der Bibel nicht immer mit negativer Bedeutung gebraucht. In 1. Korinther 12, Vers 31 und Kapitel 14, Vers 1 benutzt Paulus das gleiche Wort, um die Leser zu ermutigen, nach Geistesgaben zu streben. Sie sollen sie sich sehnlich wünschen. Sie sollen sie begehren. Sie sollen begierig darauf sein. Der Unterschied liegt also im Objekt der Begierde.

Nehmen wir einmal an, Sie wünschen sich, ja, Sie begehren sehnlich ein größeres Haus. Wenn Sie die Gabe der Gastfreundschaft haben und im Grunde die Menschen dadurch mehr lieben und ihnen besser dienen wollen, dann streben Sie bloß mit leidenschaftlichem Eifer danach, Gott zu ehren. Aber wenn Sie sich ein größeres Haus wünschen, um mit den anderen mithalten zu können, die sich ebenfalls ein größeres Haus gekauft haben, und weil Sie sich schämen, die Menschen weiterhin in Ihr kleines Haus einzuladen, und wenn Sie glauben, dass das größere Haus insgeheim signalisiert, dass Sie es geschafft haben… dann ist das zugrunde liegende Motiv Neid. Wenn Sie sich mehr wünschen, um wichtiger zu sein, dann ist das Eifersucht, und das kann Ihr Leben sehr kompliziert machen und belasten. Wenn es Ihr Wunsch ist, Gott damit zu ehren und anderen besser dienen zu können, ist das ein Verlangen, das von Liebe getrieben ist.

Wir müssen unsere Wünsche umlenken, nicht abtöten. Es ist gar nichts falsch daran, sich einen Partner, Kinder, eine Beförderung und ein höheres Einkommen zu wünschen. Es sind ehrliche, von Gott gegebene Wünsche. Aber in dem Augenblick, in dem wir anfangen, uns mit anderen zu vergleichen, hören wir auf zu lieben.

Das Gegenmittel für Eifersucht ist das feste Vertrauen darauf, dass Gott gut ist und die Macht hat über die Gaben und die Chancen, die er uns gegeben hat – und dass er in seiner Weisheit auch das Leben der anderen bewusst gestaltet. Aber wenn wir bloß immer wieder versuchen, weniger neidisch zu sein, wird das nicht funktionieren. Wir müssen unser Denken umprogrammieren. Wir müssen tief in unserem Herzen wissen, dass Gott für uns ist, dass er in unserem Leben wirken will und dass er auch dann für uns sorgt und einen Plan hat, wenn die Dinge in unserem Leben sich scheinbar nicht in die richtige Richtung entwickeln.

> Wir müssen unsere Wünsche umlenken, nicht abtöten.

Ich persönlich kämpfe stärker mit Arroganz als mit Neid – die meisten Menschen tendieren, wie gesagt, zu einem von beiden –, aber vor Kurzem hatte ich einen Anflug von Eifersucht, der mich wirklich überrascht hat. Es ging dabei um einen befreundeten Pastor, der in einem anderen Bundesstaat lebt. Obwohl wir etwa gleich alt sind und auch gleich viel Berufserfahrung haben, schien sein Name plötzlich überall bei Konferenzen und Veranstaltungen aufzutauchen. Seine Bücher standen ganz vorne in den Buchläden und Katalogen und die Menschen schienen seinen Erkenntnissen Beachtung zu schenken. Ein Teil von mir freute sich, dass er Erfolg hatte und das Reich Gottes durch seinen Dienst wuchs. Aber ein anderer Teil von mir war bei Weitem nicht so positiv eingestellt. Ich fühlte mich minderwertig, grollte und wünschte mir, dass Gott meinen Dienst und meine Bücher genauso gebrauchen würde.

Nachdem ich einige Zeit mit meinem Neid gekämpft hatte, zeigte mir Gott, wie ich ihn mit ganz gezielten Schritten überwinden konnte. Zuerst musste ich ihm ins Auge sehen. Ich hatte alle möglichen „guten" Erklärungen für mein Verhalten gefunden, aber es half mir, ehrlich zu sein und mir einzugestehen, dass ich bloß eifersüchtig war.

Zweitens versuchte ich nicht, mein aufrichtiges Verlangen abzulegen, dass Gott mir mehr Einfluss schenken und meine Bücher stärker gebrauchen würde. Es ist überhaupt nicht verkehrt, mir zu wünschen, dass Gott mich zu seiner Ehre gebraucht. Also lenkte ich mein Verlangen, dass Gott mich genauso gebrauchen sollte wie meinen Freund, um und bat Gott einfach, mich zu gebrauchen, um sein Reich zu bauen, wie auch immer er es wollte, ohne dass ich mich dabei mit anderen vergleichen würde.

Drittens dachte ich über Gottes Güte nach. Jedes Mal, wenn wir Gottes Güte infrage stellen, hat sich irgendwo eine Lüge in unser Denken eingeschlichen. Sie klingt meistens etwa so: „Wenn Gott wirklich für mich sorgen würde, dann würde er …" Und dann beenden wir den Satz mit Dingen wie: „… mir mehr Möglichkeiten eröffnen … mich heilen … meine Finanzen segnen … machen, dass meine Kinder so werden, wie ich es mir erhoffe …" Ich weigerte mich, so zu denken. Gottes Güte infrage zu stellen war die allererste Versuchung in der Bibel, und dem zu widerstehen, ist ein lebenslanger Kampf. Gott *ist* gut und er möchte so gerne großzügig zu uns sein. In seiner Weisheit und Souveränität findet er Wege, mir seine Güte zu schenken, und oft bemerke ich es nicht einmal. Wenn ich aber über seine Güte nachdenke, fange ich auch an, sie immer mehr zu erkennen.

Viertens müssen wir uns für die Dankbarkeit entscheiden, um den Neid zu überwinden. Wir können entweder neidisch sein auf das, was andere haben, oder Gott für das danken, was *wir* haben. Beides zusammen geht nicht. Eifersucht und Dankbarkeit passen nicht in ein und dasselbe Herz. Ich fing an, Gott für die vielen Situationen zu danken, in denen er mich gebraucht hatte, und ich dankte ihm für den Pastor, auf den ich neidisch war. Sobald ich anfing, Gott zu loben und ihm für diesen Mann und seinen Dienst zu danken, vor allem für seinen Einfluss auf mein Leben und das von einem meiner Söhne, verschwand der Neid langsam.

Wir müssen uns für die Dankbarkeit entscheiden, um den Neid zu überwinden.

Und schließlich ist es immer hilfreich, den Kontakt zu den Menschen zu suchen, mit denen wir uns vergleichen, und ihnen zu dienen, sofern das möglich ist. Ich fing an, für diesen Mann zu beten, und schrieb ihm eine Mail, in der ich ihm sagte, dass mir aufgefallen war, dass Gott ihn auf erstaunliche Art und Weise gebrauchte. Ich dankte ihm für seinen Einfluss auf mein Leben und ermutigte ihn weiterzumachen. Ein paar Stunden später schickte er mir per Mail ein Dankeschön zurück, und das war's. Von da an war ich frei.

Wenn wir den Neid nicht loslassen und uns stattdessen für die Liebe entscheiden, werden wir uns ewig abmühen, um mit denen mithalten zu können, denen wir uns unterlegen fühlen. Das ist ein ermüdendes, verfehltes Leben. Der Neid ist eine dieser verborgenen Eigenheiten, durch die wir viel mehr abgelenkt sind, als wir es eigentlich sein müssten. Es ist viel besser, wenn wir verstehen, dass wir alle zum gleichen Leib gehören und dass jeder Körperteil eine wichtige Funktion erfüllt. Dann können wir aufhören, uns zu vergleichen, und uns an dem erfreuen, was andere beitragen, ohne neidisch zu sein. Genau das tut die Liebe.

Der Vergleich nach unten: Arroganz

Der Kugelfisch ist ein relativ kleiner Fisch, aber wenn er sich bedroht fühlt, füllt er sich mit Wasser und wird riesengroß. Er macht sich selbst größer, um potenzielle Feinde einzuschüchtern und abzuschrecken. Das ähnelt sehr dem, was wir tun, wenn wir uns mit anderen vergleichen. Manchmal blähen wir uns aus Unsicherheit auf und manchmal einfach nur, um anderen zu zeigen, wie wichtig wir sind. Aber so oder so ist es eine Form der Arroganz.

Im Gegensatz zum Vergleich nach oben, bei dem wir eifersüchtig werden, werden wir stolz – buchstäblich „aufgeblasen, aufgebläht, selbstüberschätzend" –, wenn wir uns mit anderen vergleichen und uns für überlegen halten. Um diesem Selbstbild gerecht zu werden, tragen wir entweder unsere Bedeutsamkeit zur Schau, indem wir uns aufblähen (beiläufig berühmte Namen erwähnen, unsere Errungenschaften oder Leistungen ins Gespräch einfließen lassen, und so weiter), oder wir machen andere herunter.

Ich vertrete ja die Theorie, dass man, wenn man in einem Café oder einer Kneipe den Unterhaltungen zuhören würde, feststellen könnte, dass es in vier von fünf Fällen um jemanden geht, der nicht da ist und über den nicht besonders positiv gesprochen wird. Es geht darum, was diese Person getan oder nicht getan hat, weshalb derjenige nicht mithalten kann, und so weiter. Wenn wir andere heruntermachen, bietet uns das eine gewisse Befriedigung, weil wir uns dann selbst besser fühlen.

Wenn wir andere heruntermachen, bietet uns das eine gewisse Befriedigung, weil wir uns dann selbst besser fühlen.

Denken Sie einmal darüber nach, in welcher Weise Stolz unser Leben komplizierter macht. Es ist schwer, dieses Gefühl der Überlegenheit aufrechtzuerhalten. Wir müssen immer um unseren Rang wetteifern, uns im richtigen Licht darstellen, uns irgendwelche Beweise für das einfallen lassen, was wir da sagen, müssen unsere Wichtigkeit demonstrieren, wenn jemand sie anzuzweifeln wagt, und uns mit Menschen umgeben, die uns ein gutes Gefühl unserer selbst vermitteln. Diese Selbstdarstellung geschieht meistens unbewusst – wir merken es oft nicht einmal selbst –, aber es ist trotzdem anstrengend. Dadurch wird unser Erfolgsstreben auf sehr ungesunde Weise angestachelt.

Während der Eifersüchtige grundsätzlich glaubt: „*Ich* bin unwichtig, *ich* kann nicht mithalten", glaubt der Arrogante prinzipiell: „*Du* bist unwichtig, *du* kannst nicht mithalten." Wir fangen an, eine gewisse Berechtigung zu spüren. Wir müssen im Mittelpunkt des Interesses stehen. Immerhin sind wir etwas Besonderes. Wir müssen diejenigen sein, die bei jeder wichtigen Aufgabe gefragt werden, weil niemand sonst die Sache so gut machen kann wie wir. Langsam schleicht sich sogar das Gefühl ein, dass wir die anderen nicht mehr so sehr brauchen wie früher. Und allmählich werden wir gleichgültig gegenüber den Bedürfnissen anderer, weil wir so sehr von uns selbst eingenommen sind.

Wenn wir dieses ungesunde Gefühl von Unabhängigkeit entwickeln, fühlen wir uns anderen gegenüber auch nicht mehr so verantwortlich. „Klar gibt es vielleicht ein paar Regeln zum Umgang mit Geld oder Sexualität oder Integrität, aber die gelten nur für normale Menschen. Angesichts meiner Terminplanung und der Anforderungen, die an mich gestellt werden, brauche ich das nicht so eng zu sehen. Es gibt auch Ausnahmen und meine Umstände rechtfertigen eine Ausnahme." Erfahrungsgemäß schlagen die Gedanken eines Menschen, der glaubt, niemandem verantwortlich und rechenschaftspflichtig zu sein, diese Richtung ein, und dann dauert es meistens nicht mehr lange bis zum Fall. Wie es in Sprüche 16, Vers 18 so treffend heißt: „Hochmut kommt vor dem Fall!" Letzten Endes bricht die ganze Illusion in sich zusammen.

Die Bibel und die Geschichte sind voller Menschen, die einmal in Demut und Vertrauen angefangen haben und dann stolz wurden und Gott nicht länger zu brauchen glaubten, nachdem sie große Dinge vollbracht hatten oder große Anführer geworden waren. Je mehr Gaben, Talente, Macht und Segensgeschenke wir haben, umso größer wird die Versuchung, überheblich zu werden. Und umso mehr muss unser Verlangen nach Anerkennung gestillt werden.

Vor Kurzem sprach ich vor einer Gruppe von Unternehmern und forderte sie auf, einmal darüber nachzudenken, warum sie so wenige enge Freunde hatten. Menschen in ihrer Position haben erfahrungsgemäß nicht viele wahre Freunde, weil sie die Macht haben, alle in ihrem Umfeld rauszuschmeißen oder zu enterben. Sie wirken einschüchternd auf die Menschen in ihrem Umfeld, und deshalb fällt es ihnen schwer, enge Freundschaften zu schließen. Darüber hinaus haben ihr Wohlstand und ihre Macht auch noch falsche Freunde angezogen. Sie fragen sich ständig, ob derjenige, der sich gerade mit ihnen anfreunden will, nur hinter dem Geld oder dem Vitamin B her ist. Und so werden sie misstrauischer und unabhängiger und haben nicht länger das Gefühl, dass sie irgendjemandem Rechenschaft ablegen müssen. Mit der Zeit manipulieren sie Menschen, um ihre Ziele zu erreichen, und schon bald erfahren sie nicht mehr viel echte Liebe. Sie erfahren nur noch Anerkennung. Anerkennung belohnt unser Tun; Liebe akzeptiert und belohnt, wer wir sind. Wie ein Drogenabhängiger, der den nächsten „Schuss“ braucht, machen sie in diesem kranken Tempo immer weiter, um mit ihrer Leistung anerkennendes Schulterklopfen einzuheimsen.

Wenn sie sich von dieser falschen Einstellung befreien wollen, müssen sich arrogante Menschen bewusst dafür entscheiden, sich verwundbar zu machen, damit sie Gottes Güte empfangen können. Ein paar einfache Gedächtnisstützen können uns helfen, zur richtigen Perspektive zurückzufinden.

Arrogante Menschen müssen sich bewusst dafür entscheiden, sich verwundbar zu machen, damit sie Gottes Güte empfangen können.

Erstens müssen wir uns daran erinnern, dass alles, was wir haben, von Gott kommt. „Alles, was du besitzt, hat Gott dir doch geschenkt“, erinnert Paulus die Korinther in Kapitel 4, Vers 7 seines ersten Briefes. Alles, was wir bekommen haben – unsere Talente und Fähigkeiten, die Möglichkeiten, zu lernen und Fähigkeiten zu entwickeln, unsere geistlichen Gaben, ja, sogar unser Leben –, kommt von Gott. Wir haben uns nicht ausgesucht, wo wir herkommen, in welche Familie wir hineingeboren wurden oder welche Vorrechte wir bekommen haben. Wir haben vielleicht beschlossen, hart zu arbeiten und sich uns bietende Gelegenheiten zu nutzen, aber selbst, dass wir dazu in der Lage waren, hat Gott uns geschenkt. Alles kommt von ihm. Er kann uns erhöhen oder aber zulassen, dass wir zu Fall kommen. Wir dürfen über unsere Stellung und unseren Besitz verfügen, aber beides *gehört* uns nicht.

Zweitens dürfen wir unsere Wurzeln nicht vergessen. Die meisten von uns, die eine gehobene Stellung innehaben oder viel besitzen, stammen ursprünglich aus bescheideneren Verhältnissen. Wenn wir auf unser Leben zurückschauen, können wir sehen, wie Gott uns von einem Punkt zum nächsten und dann zum nächsten gebracht und für uns gesorgt hat, damit wir die Chance hatten, dorthin zu kommen, wo wir jetzt sind. Und in Wirklichkeit tut Gott das Gleiche für diejenigen, mit denen wir uns vergleichen. Wir kennen die Zukunft der Menschen nicht, denen wir begegnen. Gottes Ziele mit diesen Menschen sind genauso wichtig wie seine Ziele mit uns, ganz egal, wie ihr Leben aus unserer Perspektive aussieht. Wenn wir uns daran erinnern, woher wir kommen – und anerkennen, wohin andere vielleicht unterwegs sind –, nehmen wir eine bescheidenere Haltung ein.

Drittens ist es hilfreich, Zeit mit Menschen zu verbringen, die wissen, woher wir kommen. Sie lassen sich nicht von unserer jetzigen Stellung oder Macht beeinflussen. Ganz gleich, was jemals über uns gesagt oder geschrieben wird, ganz gleich, wie viele Titel oder Abschlüsse wir haben, es wird sie nicht beeindrucken. Sie werden uns als die lieben, die wir sind, werden uns ehrlich sagen, was sie sehen, und uns ihre Liebe auf eine Weise zeigen, wie wir es bei den meisten anderen nicht erleben werden. Ich habe einen guten Freund, der A. C. heißt und mich schon seit über dreißig Jahren kennt. Er ging in jene Gemeinde mit nur 35 Mitgliedern in dieser texanischen Kleinstadt, in der ich meine erste Pastorenstelle antrat. Vor Kurzem waren wir gemeinsam unterwegs und sprachen über die Möglichkeit, einen Vortrag vor einhundert Geschäftsführern in Korea zu halten und mit zwei Gemeinden in Hongkong zusammenzuarbeiten. Plötzlich hielt er inne und meinte: „Du hast dich seit damals ganz schön entwickelt, Chip." Dann fügte er warnend hinzu:

„Vergiss nie, wie du angefangen hast." Wahre Freunde werden uns immer daran erinnern, dass es Gott war, der uns dorthin gebracht hat, wo wir jetzt sind.

Und wenn wir mit Arroganz zu kämpfen haben, ist es als letzter Punkt wichtig, unser Bedürfnis nach Nähe zuzugeben und Menschen ganz bewusst in eine engere Beziehung zu uns einzuladen. Ich habe mich schon oft abends an Vorfälle des Tages erinnert, bei denen ich unsensibel war, jemanden beeindrucken wollte, vorgab, beschäftigt zu sein, damit ich mich nicht mit jemandem auseinandersetzen musste, oder auf eine andere hässliche Art stolz war. Ich vermute mal, dass Sie sich auch an solche Augenblicke erinnern können. Wenn wir unsere Neigung zum Stolz und unser Bedürfnis nach engen Freundschaften zugeben und dann offen dafür werden, die Menschen in unserem Umfeld zu lieben, wird das Vergleichsdenken aufhören, und der Stolz wird kein so großes Problem mehr darstellen.

Wie schon gesagt, neigen wir in diesem Spannungsfeld zwischen Eifersucht und Arroganz alle zur einen oder anderen Seite. Manches geht auf unsere angeborene Persönlichkeit zurück, manches auf unsere Gaben in bestimmten Bereichen, manches auf unsere Erziehung, manches auf Erlebtes.

Ich habe bereits von einer Gelegenheit erzählt, bei der ich mit Neid zu kämpfen hatte, aber die größere Versuchung ist für mich, wie gesagt, die Arroganz. Als ich drei Jahre alt war, war mein Vater fest entschlossen, mir das Lesen beizubringen. Er ließ mich vor einer Gruppe von Menschen kurze Sätze vorlesen oder komplizierte Wörter wie „Interkontinentalrakete" laut buchstabieren. Das war ziemlich beeindruckend für einen Dreijährigen. „Chip", sagte er dann, „dieses Land wird einmal einen guten Präsidenten brauchen." Ich glaube, er versuchte, mich auf große Aufgaben vorzubereiten. Der Vorteil davon war, dass ich viel Selbstbewusstsein mit auf den Weg bekam. Der Nachteil war … nun ja, dass ich viel Selbstbewusstsein mit auf den Weg bekam. Vielleicht ein bisschen zu viel. Deshalb kämpfe ich immer wieder mit meiner arroganten Haltung, an der Gott seit Jahren geduldig und beständig arbeitet.

Andere Menschen haben mit Eifersucht zu kämpfen. Sie haben nie das Gefühl, mithalten zu können. „Warum hat Gott sie so hübsch gemacht?" „Wie ist er nur an diesen Job gekommen?" „Warum muss ich auf die Ersatzbank?" Und je mehr sie auf die Erfolge der anderen schauen, umso mehr fühlen sie sich als Versager.

Das Heilmittel gegen Eifersucht ist eine gesunde Selbsteinschätzung und ein korrektes Gottesbild.[3] Sich mehr anzustrengen nutzt nichts. Niemand, der neidisch ist, wird seinen Neid los, indem er versucht, nicht neidisch zu sein. Der Schlüssel ist, sich auf Gott zu konzentrieren – darauf zu vertrauen, dass er gut ist und alles in seiner Hand hat. Auch wenn im Moment nicht alles rosig aussieht – es wird auch wieder andere Zeiten geben. Er hat einen Plan für jeden von uns, der genau zu dem passt, wozu wir erschaffen sind, und uns deshalb am meisten Freude machen wird. Wir vergleichen fälschlicherweise unsere Schwächen mit anderer Leute Stärken und dabei kommen wir nie gut weg. Er hat Sie erschaffen, er sorgt für Sie und hat jedes noch so kleine Detail Ihres Lebens im Blick. Darauf kommt es an.

Das Heilmittel gegen Eifersucht ist eine gesunde Selbsteinschätzung und ein korrektes Gottesbild.

Wenn Sie mit Eifersucht und Arroganz fertigwerden wollen, dann sollten Sie vor allem darüber nachdenken, wie Gott wohl über Sie denkt. Er ist völlig verrückt nach seinen Menschen und liebt seine Töchter und Söhne über alles. Nichts, was wir tun, würde ihn je dazu bringen, uns mehr zu lieben, und nichts, was wir tun, würde ihn je dazu bringen, uns weniger zu lieben. Wir sind unendlich viel wertvoller für ihn, als wir uns je vorstellen können. Das löst das Problem mit dem Neid. Wenn wir wirklich wüssten, wie sehr er uns liebt, würden wir vielleicht sogar arrogant werden. Allerdings sind für ihn *alle* seine Kinder gleich wertvoll. Es ist also egal, ob wir auf uns selbst oder auf unseren Nächsten schauen, wir sehen einen Menschen, der unbeschreiblich wertvoll ist. Wenn wir wissen, wie sehr Gott uns liebt, ist kein Platz mehr für Minderwertigkeitsgefühle, aber es ist auch kein Platz mehr für Überlegenheitsgefühle, wenn wir uns bewusst sind, wie sehr er die anderen liebt. Alles ist ausgeglichen und es gibt jede Menge Gelegenheiten für gesunde, aufrichtige Liebe.

In diesem Kapitel haben wir gesehen, wie die Liebe reagiert, wenn Beziehungen sich bedrohlich anfühlen – wenn wir von anderen verletzt wurden oder uns unsicher sind in Bezug auf unsere Stellung ihnen gegenüber. Aber wie reagiert die Liebe, wenn Beziehungen sich für die Menschen in unserem Umfeld bedrohlich anfühlen? Eine der größten Herausforderungen für die Liebe ist das Versagen, aber es ist auch eine der größten Chancen für die Liebe. Im nächsten Kapitel werden wir erfahren, wie die Liebe auf Versagen reagiert.

Nachgedacht

- Vergleichen Sie sich immer mit anderen? Neigen Sie mehr zum Vergleich nach oben (Eifersucht) oder zum Vergleich nach unten (Arroganz)? Neigen Sie eher zu zu wenig Selbstwert oder zu zu viel?

- Welche Haltung stört Sie an anderen mehr: Neid oder Arroganz? Warum?

- Lesen Sie Römer 12,3. Was hat dieser Vers mit dem Thema dieses Kapitels zu tun?

- Warum ist es so wichtig zu wissen, wie Gott über uns denkt? Warum verhilft uns das zu einer gesunden Ausgeglichenheit?

KAPITEL 5
„Looking For Love In All The Wrong Places"

Als Johnny Lee das Lied „Looking For Love In All The Wrong Places“ zum ersten Mal hörte, kam es ihm so vor, als hätte man es für ihn allein geschrieben. Es war, als würde es die Geschichte seines Lebens erzählen. Er war jemand, der, genau wie alle von uns, einfach nur geliebt werden, sich dazugehörig fühlen und einen Sinn und ein Ziel haben wollte. Aber auf der Suche nach all diesen Dingen hatte er einige gravierende Fehler gemacht. Als John Travolta das Lied zum ersten Mal hörte, sagte auch er, es erzähle die Geschichte seines Lebens. Und als Lee dann das Lied aufnahm und John Travolta es in dem Film „Urban Cowboy“ spielte, kam der Titel in die Charts. Warum? Weil Millionen von Menschen genau wie Lee und Travolta das Gefühl hatten, es erzähle die Geschichte ihres Lebens.

Dieses Lied spricht so viele Menschen an, weil wir alle auf der Suche nach Liebe sind – wir sehnen uns nach Vertrautheit und Annahme –, aber wir suchen sie oft am falschen Ort. Es ist Ihre Geschichte, meine Geschichte, ja, praktisch jedermanns Geschichte. Wir suchen etwas Gutes, aber auf eine schlechte Art und Weise. Wenn wir in den Dingen Erfüllung suchen, die uns gar keine Erfüllung schenken können – zumindest keine wahre, bleibende Erfüllung –, dann endet das meist damit, dass wir uns selbst und auch andere Menschen verletzen. Diese Suche kann sogar unsere Beziehungen zerstören, besonders, wenn wir uns dabei außerhalb von Gottes Willen bewegen. Wir können sehr viel kaputt machen, wenn wir nicht wissen, wo wir wirklich Liebe und Annahme finden.

Jeder versagt einmal. Das ist eine Tatsache. Und es ist auch eine Tatsache, dass wir alle berechtigte Bedürfnisse und Wünsche haben, denen wir nach Gottes Willen auch nachgehen sollen: der Wunsch, geliebt zu werden, Bedeutung zu haben, uns sicher zu fühlen und ein Leben zu führen, das einen Sinn hat, zum Beispiel. Diese beiden Tatsachen verbindet eine dritte: Oft ist unser Versagen darauf zurückzuführen, dass wir versuchen, diese berechtigten Bedürfnisse auf die falsche Art und Weise zu erfüllen. Der Wunsch, Bedeutung zu haben, geliebt zu werden, zu lieben, sich sicher zu fühlen, ein Leben zu führen, das einen Sinn hat, oder etwas zu bewirken, ist an sich nicht falsch. Gott hat uns mit diesen Wünschen erschaffen, und er möchte, dass wir ihnen nachgehen. Aber oft ist es so, dass etwas, das den Anschein hat, als würde es diese Wünsche erfüllen, es nicht tut. Oder mit anderen Worten: Wir suchen am falschen Ort nach Liebe – und das bringt oft Schmerz und Leid mit sich.

Oft ist unser Versagen darauf zurückzuführen, dass wir versuchen, berechtigte Bedürfnisse auf die falsche Art und Weise zu erfüllen.

Denken Sie einmal darüber nach: Wenn jemand uns verletzt oder wir jemanden verletzen, geschieht das so manches Mal, wenn wir eigentlich etwas Gutes wollten. Unser Wunsch, etwas von Bedeutung zu erreichen, verwandelt sich zum Beispiel in den verzweifelten Versuch, zu beweisen, dass wir wer sind. Unser Wunsch nach Beziehung und Vertrautheit verwandelt sich in die Neigung, die Menschen in unserem Umfeld auszunutzen, um unsere eigenen Bedürfnisse zu erfüllen. Unser Wunsch nach einer Beziehung zu Gott artet im schlimmsten Fall in ein System von religiösen Praktiken aus, das uns nie wirklich Befriedigung schenkt. Im Grunde sind der Wunsch nach Nähe zu Gott, nach Vertrautheit mit anderen oder nach einem bedeutsamen Leben berechtigte Bedürfnisse, die Gott in uns hineingelegt hat. Aber alle diese Bedürfnisse können verzerrt werden. Und das macht dann unser Leben kompliziert, sodass wir wie verrückt dieses oder jenes tun, aber nie Erfüllung finden werden. Und dieses fehlgeleitete Bemühen ist die Ursache für den größten Teil unseres Versagens. Glücklicherweise können wir lernen, diese Verhaltensmuster zu meiden, wenn wir sie erst einmal erkannt haben.

Was wäre, wenn wir den Ursprung einiger unserer Verhaltensmuster wirklich erkennen würden? Was wäre, wenn wir erkennen könnten, wo wir versagt haben und Beziehungen zerbrochen sind, und wenn wir unsere von Gott gegebenen Sehnsüchte dann in die richtige Richtung lenken könnten? Dann könnten wir mit unserem Versagen anders umgehen und könnten auch auf das Versagen anderer mit Liebe reagieren.

Wir könnten mit unserem Versagen anders umgehen und könnten auch auf das Versagen anderer mit Liebe reagieren.

In seinem Brief an die Korinther zeigt Paulus auf, in welchen Punkten die Christen dieser Gemeinde am falschen Ort nach Liebe und Annahme suchen. Natürlich leben wir heute in anderen Zeiten und auch in einer anderen Kultur, aber die grundlegenden Verhaltensmuster sind noch die gleichen wie damals. Sie treffen auf uns heute genauso zu wie auf die Christen damals.

- Wir suchen nach Annahme und Zugehörigkeit, indem wir Grüppchen bilden und andere kritisieren und ausschließen und so für Spaltungen sorgen (1. Korinther 3).
- Wir suchen nach Beziehung und Intimität in unerlaubten sexuellen Beziehungen, in Pornografie und Affären, die Ehen und Familien zerstören (1. Korinther 5).
- Wir suchen nach Sicherheit und Bedeutung, indem wir uns beruflich übermäßig engagieren und die Karriereleiter um jeden Preis nach oben steigen wollen, auch wenn es uns unsere Beziehungen kostet (1. Korinther 6).
- Wir versuchen, ein „heiliges" Leben zu führen und Gottes Gebote zu beachten, indem wir uns in allzu gesetzlicher Weise an seine Richtlinien halten und das Handeln und die Motive der anderen kritisieren und so für Spaltungen in der Gemeinde sorgen (1. Korinther 8).
- Wir gehen berechtigten Vergnügungen nach, die Gottes Geboten eigentlich nicht zuwiderlaufen, nutzen aber unsere Freiheit auf eine Art und Weise, dass sie anderen zum Stolperstein wird. Wir lassen zu, dass unsere Freiheit ihren Glauben untergräbt (1. Korinther 8).

Bei jedem dieser Punkte ist die Sehnsucht, die dem zugrunde liegt, durchaus berechtigt, aber die Art und Weise, wie wir sie zu erfüllen versuchen, nicht. Wir sind die lebenden Beispiele dafür, dass an Johnny Lees Hit etwas dran ist. Immer wieder ist unser größtes Versagen nur auf eines zurückzuführen: auf den Versuch, die Liebe am falschen Ort zu finden.

Die Sehnsucht, die unserem Handeln zugrunde liegt, ist durchaus berechtigt, aber die Art und Weise, wie wir sie zu erfüllen versuchen, nicht.

Das führt uns zur nächsten Frage auf unserem Weg, Liebe zu lernen.

FRAGE NR. 3:

Wie reagiert die Liebe auf Versagen?

[Liebe] *freut sich nicht am Unrecht, sondern freut sich, wenn die Wahrheit siegt. Liebe ist immer bereit zu verzeihen, stets vertraut sie, sie verliert nie die Hoffnung und hält durch bis zum Ende.*

1. Korinther 13,6–7

Realityshows, die man heutzutage auf vielen Fernsehsendern sehen kann, sind wie eine Petrischale, in der man kaputte Beziehungen züchtet. Früher hatten Fernsehsendungen Autoren, Handlungen und professionelle Schauspieler. Heutzutage steckt man einfach einen Haufen Menschen, die nicht miteinander auskommen und Beziehungsprobleme haben, in ein Haus, um zu sehen, wie lange es dauert, bis sie aufeinander losgehen. Oder man nimmt zwanzig ledige Männer und lässt sie um die Zuneigung einer wunderschönen Frau wetteifern. Die Männer sehen gut aus, wirken intelligent und haben einen anständigen Job. Aber aus irgendeinem Grund haben sie offenbar so wenig Selbstwertgefühl, dass sie sich auf das Spiel einlassen, für ein paar Minuten, für ein paar Stunden „die ganz große Liebe" der Frau zu sein – bis sie sich dann dem nächsten zuwendet. Die Hauptaufgabe der Teilnehmer einer Realityshow scheint es zu sein, miteinander zu streiten und das Schlimmste im anderen hervorzubringen. Rivalität, Verrat, Manipulation, Verleumdung und Eifersucht breiten sich aus. Eine Art emotionale Massenkarambolage. Als Zuschauer will man es eigentlich gar nicht sehen, aber man muss einfach hinschauen.

Und den Einschaltquoten nach zu urteilen lieben die Menschen solche Shows. Aus irgendeinem Grund finden wir sie unterhaltsam. Wir empfinden irgendein perverses Lustgefühl, wenn wir sehen, wie andere es vermasseln. Vielleicht, weil unser eigenes Versagen im Vergleich dazu dann gering erscheint. Wir haben zwar auch so unsere Probleme, aber nicht *solche* Probleme – oder nicht so viele. Wir können auf dem Sofa sitzen und zusehen, wie sich Menschen selbst zerstören und sich gegenseitig – und sich selbst – lächerlich machen, ohne dass wir etwas damit zu tun haben. Und es kann sehr befriedigend sein zu sehen, dass Menschen genau das bekommen, was sie verdient haben.

Deshalb verdient die Boulevardpresse auch so viel Geld mit Skandalen. Menschen versagen in aller Öffentlichkeit und viele von uns wollen das einfach mit ansehen. Hin und wieder sehen wir in einer Nachrichtensendung vielleicht einen Bericht über einen Promi, der sich für Straßenkinder oder Waisen in Afrika engagiert, aber viel öfter geht es darum, wer wieder einmal im Gefängnis oder in der Entzugsklinik gelandet ist. Nachrichten über hochrangige Politiker, Sportler oder Fernsehstars, die sich einen Ausrutscher geleistet haben, lassen die Einschaltquoten in die Höhe schießen. Irgendetwas in uns findet schlechtes Benehmen unterhaltsam. Aber Liebe sieht anders aus.

Irgendetwas in uns findet schlechtes Benehmen unterhaltsam. Aber Liebe sieht anders aus.

Liebe reagiert auf Versagen mit Wahrheit und Güte

Wenn wir uns an Dingen erfreuen, die zu Missstimmung und Störungen führen und nicht zu Wohlbefinden, Leben und Wiederherstellung, dann sind zerbrochene, schmerzhafte und schädliche Beziehungen vorprogrammiert.

Liebe reagiert jedoch auf Versagen mit Wahrheit und Güte, nicht mit Faszination und Befriedigung darüber, dass XY endlich bekommt, was er oder sie verdient hat. Indem die Liebe dem Versagen mit der Wahrheit entgegentritt, leugnet sie die Probleme nicht. Liebe fordert sogar Wahrheit. Mit weniger gibt sie sich nicht zufrieden. Hier wird nichts unter den Teppich gekehrt, jedenfalls nicht, indem man ernsthafte Probleme vertuscht. Liebe ohne Wahrheit ist bloß weichgespülte Sentimentalität – wie die Wohlfühlliebe aus Liebesschnulzen. Aber ein „gutes Gefühl" hilft nicht bei Suchtproblemen oder destruktivem Verhalten. Das ist keine Liebe. Die Liebe muss also mit Wahrheit einhergehen.

Aber weil sie mit Wahrheit *und* Güte reagiert, verurteilt die Liebe niemanden wegen seiner Probleme oder lenkt unnötig viel Aufmerksamkeit darauf und macht die Probleme so schlimmer, als sie es sind. Die Liebe freut sich nicht über Dinge, die nicht Teil von Gottes Plan für unser Leben sind, und findet auch keinen Gefallen daran. Sie weigert sich, sich über das Fehlverhalten, das Unglück oder den Schmerz eines anderen zu freuen. Sie ist mitfühlend genug, um die unangenehme Wahrheit zu sagen, aber sie tut es auf eine barmherzige Art und Weise. Die Liebe bringt das Schlechte zur Sprache – aber nur, weil es sein muss. Es geschieht immer mit dem Ziel der Wiederherstellung.

So sollte unsere Reaktion auf Versagen aussehen.

Wenn wir darauf jedoch nur mit Wahrheit und nicht mit Güte reagieren, wirkt das gesetzlich und selbstgerecht und sehr verurteilend. Wenn wir nur mit Gnade und ohne Wahrheit reagieren, ist es nicht mehr als weichgespülte Sentimentalität. Das erste Extrem verurteilt und entfremdet die Menschen voneinander, das zweite ändert nichts am Fehlverhalten der Menschen. Wir neigen vielleicht nur deshalb zu einem der beiden Extreme, weil wir liebevolle Absichten verfolgen, aber das Ergebnis des Ganzen ist alles andere als gut. Nur wenn wir beides gleichzeitig und in gleichem Maße verfolgen, können wir das Problem eines Menschen angehen und gleichzeitig seinen Wert als Person bestätigen.

Paulus nennt uns vier konkrete Arten, wie wir auf das Versagen anderer reagieren sollen: Wir sollen verzeihen, vertrauen, nie die Hoffnung verlieren und bis zum Ende durchhalten.

Wahrheit – Gnade = Verurteilung
Gnade – Wahrheit = Sentimentalität
Wahrheit + Gnade = Liebe

Nachdem er das Grundprinzip dargelegt hat, dass die Liebe nach Wahrheit verlangt und sich darüber freut und dass sie sich weigert, sich am Bösen zu erfreuen, nennt Paulus vier konkrete Arten, wie wir auf das Versagen anderer reagieren sollen: Wir sollen verzeihen, vertrauen, nie die Hoffnung verlieren und bis zum Ende durchhalten. Oder wie es bei Luther heißt: Wir sollen alles ertragen, alles glauben, alles hoffen, alles dulden.

Die Liebe erträgt alles

Einige der Gegner von Jesus versuchten, ihm eine Falle zu stellen, und brachten eine Ehebrecherin zu ihm. An jedem anderen Tag wäre ihnen das Vergehen der Frau wahrscheinlich gar nicht aufgefallen oder sie hätten ihm nicht weiter Beachtung geschenkt. Aber an diesem Tag war sie das gedemütigte Opfer bei ihrem Plan, gegen Jesus vorzugehen. Die religiösen Führer setzten die alttestamentlichen Strafen für Ehebrecher selten um, und wenn sie es taten, dann nur sehr selektiv und inkonsequent. Aber nichtsdestotrotz hatte Gott ein derartiges Verhalten vor langer Zeit verurteilt. Sollte man diese Frau also steinigen, wie das Gesetz es verlangte? Oder würde Jesus dem Gesetz öffentlich widersprechen, indem er sie begnadigte? Würde er sich für die Wahrheit oder die Güte entscheiden?

Zunächst sagte Jesus gar nichts. Er schrieb nur etwas in den Staub. Schrieb er die Sünden seiner Gegner auf? Oder andere Gesetze, die sie regelmäßig übertraten? Oder etwas über den Mann, der in den Ehebruch verwickelt war? Denn wenn man eine Frau beim Ehebruch ertappt hatte, hatte man auch einen Mann ertappt – zum Ehebruch gehören ja immer zwei. Aber heuchlerisch, wie sie waren, hatten sie den Mann nicht zu Jesus gebracht. In der Bibel wird uns nicht verraten, was Jesus in den Sand geschrieben hat, aber gegen das, was er dann sagte, gab es keine weiteren Argumente: „Wer von euch noch nie gesündigt hat, soll den ersten Stein auf sie werfen!“ (Johannes 8,7). Dann bückte er sich wieder und schrieb weiter in den Staub und einer nach dem anderen gingen sie weg. Als keine Ankläger mehr da waren, versicherte Jesus der Frau, dass auch er sie nicht verurteilen würde. Aber er fügte auch noch hinzu, sie solle in Zukunft nicht mehr sündigen.

Jesus deckte das Fehlverhalten der Frau zu. Er ergötzte sich nicht an ihrer Demütigung, ja, er weigerte sich sogar, dabei mitzumachen. Er verteidigte ihren Wert als Person, ohne ihr Tun gleichzeitig zu rechtfertigen. Er tat nicht so, als sei Ehebruch keine große Sache. Natürlich ist es eine schlimme Angelegenheit. Er räumte ein, dass es Sünde war, und sagte ihr, sie solle es nicht wieder tun. Aber das war alles. Er ließ nicht zu, dass ihre Ankläger sie verurteilten oder sie weiter demütigten. Er schützte sie vor den Konsequenzen ihres eigenen Versagens.

Jesus schützte sie vor den Konsequenzen ihres eigenen Versagens.

Das ist ein wunderbares Beispiel dafür, dass die Liebe immer bereit ist zu verzeihen oder, wie es in anderen Übersetzungen heißt, alles zu ertragen. Das hier verwendete Wort *stego* kommt nur selten im Neuen Testament vor – nur viermal und nur in den Briefen von Paulus. Wörtlich bedeutet es „zudecken" oder auch „ertragen", „erdulden". Es vermittelt das Bild von „etwas schützen zu wollen", indem man es zudeckt, eventuell auch auf eigene Kosten. Im Zusammenhang mit Versagen würde das bedeuten, die Fehler eines anderen durch Schweigen zuzudecken, Stillschweigen zu wahren oder die Fehler und Macken anderer zu verbergen.

Manchmal fühlen wir uns stark oder überlegen, weil wir „Insider-Informationen" über die Fehler eines anderen haben, und wir verspüren den starken Drang, diese Informationen an andere weiterzugeben. Nur ein kleines „z. K." oder „Wusstest du schon" in einer E-Mail oder am Telefon, manchmal sogar als Gebetsanliegen getarnt. Das ist nicht sehr liebevoll. Die Liebe beschützt.

Manche Menschen „beschützen" jedoch, indem sie gravierende Probleme ignorieren oder leugnen, obwohl schädliches

Verhalten eine Beziehung zerstört. Das ist auch keine Liebe. Wenn man etwas begräbt, das angegangen werden muss, hilft das niemandem. Und Missbrauchsverhalten zu decken, kann sogar gefährlich sein. Es geht hier also eindeutig nicht um ein passives Verhalten, das die Augen vor dem Bösen verschließt.

Vielmehr brauchen wir alle jemanden, der uns genug liebt, um hinter die Fassade zu blicken und unsere Fehler, Schwächen und Sünden anzusprechen. Und wir werden uns nie in dieser Weise öffnen und verwundbar machen, wenn wir nicht das Gefühl haben, dass wir vor Demütigungen und Verurteilung sicher sind. Wir brauchen Menschen, die uns helfen, mit unseren Fehlern fertigzuwerden und daran zu wachsen – aber ohne uns dabei bloßzustellen oder auszunutzen.

Die folgende Geschichte erzähle ich Ihnen jetzt mit Erlaubnis unseres Sohnes. Als mein jüngster Sohn in der Oberstufe war, kam er eines Tages von der Schule nach Hause und fand seine Mutter und mich am Computer vor. Die EDV-Abteilung unserer Organisation hatte den Rechner, an dem ich zu Hause arbeitete, gesäubert und Hinweise darauf gefunden, dass damit unzählige Pornoseiten aufgerufen worden waren.

Ich sah Ryan in die Augen, und nachdem er kurz versucht hatte, die Sache zu leugnen, brach er in Tränen aus. Er erzählte uns, dass er seit einem Jahr mit diesem Problem zu kämpfen hatte und dass alles mit einem Pop-up angefangen hatte. Schließlich lagen wir uns in den Armen, wir beteten, wir setzten Grenzen, wir weinten, wir durchlebten den Schmerz gemeinsam, und wir erlebten, wie Gott die Gedanken und das Herz unseres Sohnes in den nächsten Jahren reinigte.

Spulen wir einmal zehn Jahre vor. Ryan und ich hielten ein Seminar über Erziehung und moderne Technologie am *Billy*

Graham Training Center. Ryan half Eltern zu verstehen, was für ihre Kinder hilfreich ist und was nicht. Dann sagte er: „Schaffen Sie ein Umfeld, in dem sich die Kinder sicher fühlen, weil sie wissen, dass sie wirklich jederzeit zu Ihnen kommen können, ganz gleich, was sie getan oder in welcher Weise sie versagt haben. Es waren die Gespräche und die Zeit mit meinem Vater, als ich klein war, die mir später gezeigt haben, dass ich ihm gegenüber absolut ehrlich sein konnte. Und dadurch war Heilung möglich." Obwohl ich als Vater sicher viele Fehler gemacht habe, bin ich dankbar, dass Ryan und ich schon früh eine Vertrauensbeziehung aufgebaut haben und den richtigen Umgang mit unserem Versagen lernen konnten.

Mit anderen Worten: Wir brauchen Menschen, die uns vor unseren eigenen Schwächen schützen. Ja, sie müssen uns mit Wahrheit und Güte begegnen, damit wir uns weiterentwickeln können, aber das ist auch schon alles. Sie bewahren Stillschweigen. Sie erzählen es niemandem weiter. Sie machen sich nicht darüber lustig. Sie machen auch kein peinliches, pseudo-geistliches Gebetsanliegen daraus. Unsere Fehler sind bedeckt.

Es gibt so viele Menschen, denen man ihre Fehler immer wieder aufs Brot schmiert. Sie haben es satt, durch sarkastische Kommentare, Witze, Anspielungen und Vorwürfe verletzt zu werden. Wer sich seiner Schuld bewusst ist – und den meisten Menschen sind ihre Fehler durchaus bewusst, auch wenn sie so tun, als wären sie es nicht –, der vermutet hinter jedem Blick oder jeder zweideutigen Bemerkung eine Anspielung auf sein Versagen. Er wird defensiv und verbittert. Nur Liebe kommt dagegen an.

> Liebe sagt: „Ich bin bei dir. Lass uns die Sache gemeinsam angehen."

Die Liebe verhält sich genauso wie Jesus der Ehebrecherin und jedem anderen fehlerhaften, zerbrochenen Menschen gegenüber, dem er je begegnet ist. Sie sagt: „Ich bin bei dir. Lass uns die Sache gemeinsam angehen." Wenn wir diese Art von Liebe an den Tag legen, dann sprechen wir Versagen nur auf eine gesunde, produktive Weise an. Wir beschuldigen nicht, wärmen Vergangenes nicht wieder auf oder machen unserem Gegenüber Schuldgefühle, um ihn so zu irgendwas zu bewegen. Wir gehen die Sache an und lassen sie dann hinter uns. Sie kommt nie mehr zur Sprache. So reagiert Liebe auf das Versagen anderer. Wo sind Menschen in Ihrem Umfeld, die diese Art von Liebe brauchen? Wo gibt es sie in Ihrer Familie, in Ihrer Gemeinde, auf der Arbeit oder in Ihrer Nachbarschaft?

Die Liebe glaubt alles

An einem heißen Nachmittag machten Jesus und seine Jünger in einer Stadt Rast. Die meisten Frauen dieser Ortschaft waren schon morgens am Brunnen gewesen, um Wasser zu holen. Das war die Tageszeit, zu der man gewöhnlich Wasser holte, denn dann war es noch schön kühl. Nur eine Frau kam am Nachmittag. Offensichtlich gehörte sie nicht so ganz zu den anderen Frauen, vielleicht, weil sie es so wollte, aber wahrscheinlich eher, weil die anderen es so wollten.

Die Jünger hatten sich auf den Weg gemacht, um etwas zu essen zu holen, und Jesus war allein am Brunnen. Er bat die Frau um etwas zu trinken. Sie war schockiert, dass ein jüdischer Mann eine Frau überhaupt ansprach. Noch dazu eine Samariterin. Oder gar eine … Nun ja, das konnte er ja nicht wissen. Aber wenn er wüsste, wer sie war und was sie getan hatte, würde er sicher nichts mit ihr zu tun haben wollen.

Aber er fing trotzdem eine Unterhaltung mit ihr an und in seinen Worten schwang sowohl Wahrheit als auch Gnade mit. Er las in ihrem Leben wie in einem Buch und sah die verflossenen Beziehungen und die jetzige, die gesellschaftlich betrachtet nicht ganz in Ordnung war. Offensichtlich hatte sie an den falschen Orten nach Liebe gesucht. Er erzählte ihr von dem Wasser, das den Durst der Seele stillt, und von dem Gott, der nach Menschen sucht, die ihn aufrichtig lieben. Er sprach von einem Vater im Himmel, der denen nachgeht, die versagt haben – sogar denen, die *immer wieder* versagen. Selbst ihr.

Die Frau begriff, dass dieser Mann sie nicht zurückwies, obwohl er von ihrem unmoralischen Lebensstil wusste. Er lud sie zu etwas Tieferem, Besserem, Höherem ein. Obwohl er alles über ihr Leben wusste, glaubte er an sie.

So ist die Liebe. Sie glaubt. Im Gegensatz zu dem Wort für „zudecken" kommt das Wort für „vertrauen" oder „glauben" Hunderte Male im Neuen Testament vor. Es ist das Wort, das gewöhnlich für „glauben" oder „überlassen" verwendet und in vielen verschiedenen Zusammenhängen gebraucht wird. Aber in diesem Fall bedeutet es, Vertrauen in eine andere Person zu haben. Die Liebe vertraut.

Damit ist kein naives Vertrauen gemeint. Wenn jemand uns hundertmal angelogen hat, dann „glauben" wir nicht „alles". Das wäre leichtgläubig. Diese Art von Vertrauen sieht klar und deutlich, beschließt aber trotzdem, das Beste vom anderen anzunehmen. Es vermeidet Verdächtigungen und Verurteilungen und geht nicht vom Schlimmsten aus. Wenn wir ein Gerücht über jemanden oder eine Anschuldigung hören, beschließen wir, mit dem Urteil zu warten, bis wir die Einzelheiten kennen. Wenn das Verhalten einer Person negative Auswirkungen zu haben scheint, gehen wir nicht gleich von schlechten Motiven aus. Wir glauben oder nehmen das Beste an.

Als ich mich mit diesem Bibelabschnitt (1. Korinther 13,6–7) auseinandergesetzt habe, hatte ich eine gute Gelegenheit, diesen Punkt zu üben. Es sollte ein sehr wichtiges Treffen stattfinden, und ein Schlüsselteilnehmer, der eigentlich kommen sollte, war nicht da. Ich wusste nicht, wo er war, und die anderen ebenfalls nicht. In so einer Situation geht uns alles Mögliche durch den Kopf. Man kann leicht annehmen, dass der Betreffende es einfach nicht auf die Reihe kriegt oder dass es ihm nicht so wichtig ist wie uns oder er einfach nur nachlässig ist. All das ging mir durch den Kopf, aber eben auch diese Bibelverse. Ich erinnere mich noch daran, dass ich beschloss, an ihn zu glauben. Ich erstickte die kritischen, verurteilenden Gedanken in meinem Kopf im Keim und dachte bewusst: *Gut, ich kenne den Charakter dieses Mitarbeiters. Vielleicht hatte er einen Platten. Vielleicht ist seine Frau krank. Vielleicht gab es ein Problem mit einem seiner Kinder, um das er sich kümmern musste. Oder vielleicht hat Gott ihm etwas gezeigt, das gerade wichtiger ist.* Und wie sich dann zeigte, gab es auch wirklich einen guten Grund, weshalb er zu spät kam. Dieses Beispiel mag sehr banal erscheinen, aber solche Kleinigkeiten passieren ständig und bieten uns viel zu viele Gelegenheiten, Menschen ungerechterweise zu verurteilen. Aber Liebe entscheidet sich, nicht vom Schlimmsten auszugehen.

> Liebe beschließt, von der günstigsten Erklärung für eine bestimmte Situation auszugehen, bei der die Person am besten wegkommt.

Stattdessen beschließt Liebe, von der günstigsten Erklärung für eine bestimmte Situation auszugehen, bei der die Person am besten wegkommt. Wenn jemand anscheinend seinen Verpflichtungen nicht nachkommt, dann weigert sich die Liebe zu denken, dass der Betreffende nachlässig ist. Wenn der Ehepartner die gleiche nervtötende Sache zum fünfhundertsten Mal macht, dann weigert sich die Liebe zu glauben, dass er oder sie sich nie ändern wird. Und wenn wir im Zweifel für den Angeklagten entscheiden und unser Gegenüber dann trotzdem versagt, ist die Liebe gnädig und geht davon aus, dass es das nächste Mal nicht mehr passiert. Sie geht immer vom Besten aus und versucht, das Beste im anderen hervorzubringen.

Wenn jemand versagt, bestimmt das nicht, wer er ist. Wenn das der Fall wäre, wäre das, was in der Bibel steht, nicht wahr, und Jesus hätte uns nicht wirklich ein für alle Mal erlöst. Wenn Gott uns betrachten und uns nach unserem Versagen beurteilen würde, wären wir verloren. Aber das tut Gott nicht. Er sieht uns schon so, wie wir einmal sein werden. Er weiß, wie er uns formt. Er sieht unsere Zukunft und nutzt jede Situation, um uns nach dem Ebenbild seines Sohnes zu formen. „Deshalb bin ich auch ganz sicher, dass Gott sein Werk, das er bei euch begonnen hat, zu Ende führen wird, bis zu dem Tag, an dem Jesus Christus kommt“ (Philipper 1,6). Das ist sein Blickwinkel.

Wenn wir uns selbst oder andere *nicht* so sehen, dann widersprechen wir damit Gott. Wenn Liebe jedoch unser Handeln bestimmt, werden wir auf das Versagen anderer mit der festen Überzeugung reagieren, dass das Versagen nicht die Person ausmacht. Auch wenn der Betreffende es vermasselt hat, so ist er oder sie doch immer noch ein Kind Gottes, ist immer noch wertvoll und immer noch geliebt. Die Liebe sagt: „Ich glaube an dich.“

Ein Freund von mir ist außerordentlich begabt in den Bereichen Kommunikation und Leitung, aber vor Kurzem wirkte er sehr entmutigt. Er machte gerade eine Phase durch, in der er sehr viele Angriffe erlebte, zum Beispiel eine wütende E-Mail, eine kritische Bemerkung, Gerüchte und Tratsch, die ihn dazu brachten, seinen Wert und seinen Platz im Reich Gottes infrage zu stellen. Als ich eines Morgens betete, spürte ich, dass Gott wollte, dass ich mit ihm sprach, um ihn daran zu erinnern, wie begabt er war und was Gott durch ihn schon getan hatte. Also ermutigte ich ihn, der Kritik, die er in letzter Zeit zu hören bekommen hatte, keinen Glauben zu schenken, und versicherte ihm, dass ich immer zu hundert Prozent hinter ihm stehen würde, ganz gleich, was er tat. Es war nichts Großes, keine umwerfenden Erkenntnisse, einfach nur ein bisschen Ermutigung unter vier Augen. Aber sein Gesichtsausdruck veränderte sich, und das nur, weil jemand gesagt hatte: „Ich halte zu dir und ich glaube an dich."

Gibt es in Ihrem Leben jemanden, der gerade so etwas braucht? Wer sollte unbedingt einmal gesagt bekommen, dass der Schulabbruch, die Scheidung, der Verlust des Arbeitsplatzes, die Abtreibung, der Verlust der Ersparnisse, der Rausschmiss aus der Mannschaft oder irgendein anderes Versagen oder ein Fehler nicht bestimmt, wer er ist oder was aus ihr werden kann? Wir alle brauchen jemanden, der uns hilft, unserem Fehlverhalten oder unserem Versagen ins Auge zu sehen, und der dennoch weiterhin an uns glaubt. Dieses Vertrauen angesichts von Versagen kann ein Menschenleben verändern.

Die Liebe hofft alles

Rahab hat den größten Teil ihres Lebens als Prostituierte gearbeitet. Aber das hat Gott nicht daran gehindert, sie zu gebrauchen, um seinem Volk bei der Eroberung des verheißenen Landes zu helfen. Sie sicherte sich einen Platz in der Geschichte Israels und im Stammbaum des Messias – aber nicht, weil sie so makellos war, sondern weil sie einem Versprechen vertraute und bereit war, sich von Gott gebrauchen zu lassen.

Petrus hatte Jesus den Rücken gekehrt, ja, ihn sogar verflucht und geleugnet, ihn je gekannt zu haben. Ich nehme mal an, dass das aus Gottes Perspektive ein ziemlich großes Versagen ist. Jedenfalls dachte Petrus das. Aber Jesus legte Petrus nicht auf dieses Versagen fest. Er kannte die Zukunft von Petrus und in der felsenfesten Hoffnung auf diese Zukunft nahm er Petrus wieder in seine Gemeinschaft auf und vertraute ihm einen sehr fruchtbaren Dienst an. Saulus war der Erzfeind aller, die Jesus nachfolgten. Und er bekämpfte sie nicht nur mit Worten, sondern er versuchte, sie zu töten, und das oft mit Erfolg. Aber Jesus wählte Saulus (alias Paulus) aus, um seine Botschaft in der heidnischen Welt zu verbreiten und einen großen Teil dessen zu verfassen, was wir heute Neues Testament nennen.

> Unser Versagen bestimmt nicht, wer wir sind. Die Liebe deckt nicht nur zu und glaubt, sie verliert auch nie die Hoffnung.

Das sind nur drei Beispiele von Menschen, für die es anscheinend keine Hoffnung mehr gab. Und doch hat Gott nicht nur jedem von ihnen vergeben. Er hat sie auch noch auf wunderbare Weise gebraucht. Warum? Weil unser Versagen nicht bestimmt, wer wir sind. Weil die Liebe nicht nur zudeckt und glaubt, sondern auch nie die Hoffnung verliert.

Die Liebe, die Gott uns schenkt und die durch seine Kinder zu anderen fließt, ist voller Hoffnung. In dem griechischen Wort *elpizo* schwingt auch ein Gefühl der Erwartung mit, eine geduldige Zuversicht. Es wird normalerweise in Verbindung mit Errettung oder Befreiung gebraucht – die Hoffnung auf die Vergebung der Sünden, die Befreiung vom Bösen, die Wiederkehr von Jesus und unser ewiges Zuhause im Himmel. Wir halten an der Hoffnung fest, dass wir einen Retter haben, ganz egal, was in unserem Leben passiert oder wie ungerecht es zugeht. Der Gott und Mensch Jesus, der gestorben und von den Toten auferstanden ist, wird uns retten und uns ein ewiges Zuhause bei sich geben. Aber in 1. Korinther 13 wird das Wort im Zusammenhang mit liebevollen Beziehungen gebraucht. Wahre Liebe ist von Hoffnung durchdrungen.

In der Bibel wird das Wort „Hoffnung" anders gebraucht, als wir es heute tun. Wir gebrauchen es, um Wünschen Ausdruck zu verleihen. „Ich hoffe, dass es nicht regnet." „Ich hoffe, dass sich diese Investition lohnt." „Ich hoffe, diese Ehe funktioniert besser als seine letzten drei." Das ist ein Schuss ins Blaue, der Wunsch, dass etwas gut ausgehen möge, aber ohne die konkrete Erwartung, dass es so sein wird. Doch das ist nicht die gleiche Hoffnung, von der die Bibel spricht.

Hoffnung im biblischen Kontext ist das felsenfeste Vertrauen darauf, dass das, was Gott versprochen hat, wahr wird. Es geht nicht darum, dass Menschen die Kraft haben, sich zu verändern, wenn sie es nur wollen, oder dass die Umstände sich genau so entwickeln, wie wir es wollen. Diese Hoffnung basiert auf Gottes Charakter, seinen Verheißungen und seiner Herrschaft. Er hat die absolute Kontrolle, er wird tun, was er gesagt hat, und er kann jeden Menschen oder jede Situation erlösen und völlig verändern, ganz gleich, wie ausweglos es scheinen mag.

Manche Menschen und Situationen wirken ziemlich hoffnungslos. Manchmal macht ein Suchtkranker eine Reha nach der anderen, ohne sich aber wirklich zu verändern. Oder ein Kind lügt immer wieder, und ganz gleich, was die Eltern versuchen, es hört nicht damit auf. Es gibt völlig unbefriedigende Ehen, in denen einer oder beide Partner sich weigern, zur Eheberatung zu gehen, und glauben, sie müssten sich nicht ändern – der andere sei schuld. Oder es gibt einen Kollegen, der alle um sich herum in den Wahnsinn treibt – dummerweise ist es derjenige, der das Sagen hat. Sie kommen an den Punkt, wo Sie mit den Nerven am Ende sind, wo Sie immer und immer wieder gehofft haben, dass es einen großen Durchbruch geben und sich etwas ändern wird, aber Sie werden ständig enttäuscht. Nach einiger Zeit verlieren Sie die Hoffnung, dass Sie die Situation noch in den Griff bekommen können. Sie haben das Ende der Fahnenstange erreicht.

> Wir treffen die bewusste Entscheidung zu glauben, dass hoffnungslose Situationen bei Gott nie hoffnungslos sind.

Aber es gibt eine Hoffnung, die über unsere eigenen Möglichkeiten hinausreicht, eine Hoffnung, die sagt: „Ich habe getan, was ich tun kann, und ich werde meine Hoffnung nicht länger auf diese Person setzen. Ich werde nicht länger darauf vertrauen, dass dieses Programm funktioniert oder dass ich die Dinge ändern kann. Ich werde nicht länger auf diesen Aha-Moment warten, ab dem alles eitel Sonnenschein ist. Stattdessen werde ich darauf vertrauen, dass der allwissende, allmächtige, liebende Gott die Situation kennt und in Ordnung bringen wird.“ Wir treffen die bewusste Entscheidung zu glauben, dass hoffnungslose Situationen bei Gott nie hoffnungslos sind. Auch wenn wir am Ende unserer Fahnenstange angelangt sind und aufgeben wollen, auch wenn unser Versagen etwas Endgültiges hat, gibt es trotzdem immer einen Grund, auf Gottes Fähigkeit zu hoffen, die Dinge wiederherzustellen. Wahre Liebe ist in dieser Art von Hoffnung verankert.

Ich kann mich noch lebhaft an eine Situation von vor zwanzig Jahren erinnern, als ich die Hoffnung völlig aufgegeben hatte. Ich hatte mich ständig mit einem meiner Söhne in der Wolle und jede Hoffnung verloren, dass meine Erziehungsversuche sein Leben irgendwie beeinflussen könnten. Er rebellierte und hatte unglücklicherweise einen jungen Vater, der in den falschen Momenten viel zu streng war. Es war wirklich schlimm.

Einmal erzählte er uns, dass der christliche Glaube einfach nicht sein Ding sei. Theresa und ich blieben bis spät in die Nacht auf, redeten, beteten und weinten. Ich hatte die Hoffnung verloren, dass er sich ändern würde oder dass ich die erzieherischen Fähigkeiten besäße, etwas bei ihm zu verändern. Aber tief in mir hatte ich die Hoffnung, dass der Gott, der das Leben von Paulus verändert und Jesus von den Toten auferweckt hat, etwas in seinem Leben bewirken konnte. Es war ein langer, schmerzhafter Weg. Aber Gott hat ein Wunder vollbracht!

Etwa vier Jahre später fing mein Sohn an, den Anbetungsteil in unserer Gemeinde zu leiten. Dann gründete er seine eigene Band. Schließlich fing er an, selbst Lieder zu schreiben, und heute werden einige seiner Lieder von Millionen von Menschen in Gottesdiensten auf der ganzen Welt gesungen. Ich bin immer noch überwältigt davon, dass jemand, für den ich keine

Hoffnung mehr hatte und der für mich mein Versagen als Vater repräsentierte, jetzt Lieder über Gottes Größe schreibt. Deshalb ist biblische Hoffnung nie fehl am Platz.

Die Liebe hofft alles, weil Menschen wie Petrus den Sohn Gottes verraten und trotzdem später Leiter der ersten Gemeinde und zu den bedeutendsten Persönlichkeiten der Kirchengeschichte werden können. Saulus konnte von einem knallharten Hardliner, der die Christen verfolgte, zum größten Fürsprecher und Vertreter des christlichen Glaubens werden. Und auch wenn Sie oder ein Mensch in Ihrem Umfeld gerade ganz schrecklich versagt haben und es so aussieht, als sei alle Hoffnung verloren, können Sie dennoch ein Leben führen, das etwas bewegt. Liebe gründet nicht darauf, wie die Dinge im Moment aussehen. Die Liebe entscheidet sich dafür, die Hoffnung nie aufzugeben.

Liebe erduldet alles

Josef wurde von seinen Brüdern in die Sklaverei verkauft und später fälschlich der Vergewaltigung angeklagt und ins Gefängnis geworfen. Er hätte also allen Grund gehabt, verbittert zu sein. Wegen der Fehler und bösen Absichten anderer verbrachte er Jahre als Sklave und Gefangener. Aber Josef ließ der Bitterkeit keine Chance. Er ließ nicht zu, dass der Schmerz des Verrats und der Lügen ihn dazu brachte, aufzugeben und sich zu verschließen. Er hielt an Gottes Plan fest, weil er wusste, dass Gott alles in der Hand hatte.

Nachdem er zum zweitmächtigsten Mann in Ägypten geworden war und sein eigenes Volk gerettet hatte, konnte Josef am Ende seines Lebens seinen Brüdern ehrlich sagen, dass er ihnen ihr Versagen nicht vorwarf. „Ihr wolltet mir Böses tun, aber Gott hat Gutes daraus entstehen lassen“ (1. Mose 50,20), erklärte er ihnen. Im richtigen Moment, als er sie wegen ihrer Schuld hätte vernichten können, „beruhigte Josef seine Brüder" (Vers 21).

So sieht Liebe aus, die bis zum Ende durchhält. Diese Liebe erfahren wir von Gott, wenn wir unser Vertrauen auf ihn setzen. Es geschieht nichts in unserem Leben, das er nicht entweder so bestimmt oder zugelassen hat, und nichts kommt in unser Leben, das er nicht zum Guten wenden kann. Ganz gleich, welche Krise oder Prüfung wir durchmachen – wenn ein geliebter Mensch im Krankenhaus liegt, ein Kind rebelliert, die Schulden uns über den Kopf wachsen –, er hat alles in der Hand. Das gilt auch für das Versagen anderer, selbst wenn es uns schwer trifft. Weil die Liebe *verzeiht*, *vertraut* und *nie die Hoffnung verliert*, kann sie auch angesichts der größten Herausforderungen *bis zum Ende durchhalten.*

Das griechische Wort für „durchhalten" oder „erdulden" ist sehr aufschlussreich. *Hypomeno* setzt sich aus *hypo* – „unter" – und *meno* – „Druck", „Belastung", „Unglück", „Schmerz", „Schwierigkeit" – zusammen. Es vermittelt die Bedeutung, Probleme und schlechte Behandlung mutig und ruhig zu ertragen oder im Unglück und in Prüfungen durchzuhalten. Es bedeutet auch „bleiben". Oder um es anders auszudrücken: Die Liebe bleibt. Sie bleibt da, auch wenn sie viel zu erdulden hat.

> Die Liebe bleibt da, auch wenn sie viel zu erdulden hat.

Es bedeutet nicht, dass man bleibt, weil man unfähig ist, zu gehen oder angemessene Grenzen zu setzen. Abhängige Liebe sagt: „Ich muss in dieser Missbrauchssituation oder dieser kaputten Beziehung bleiben, weil ich ohne sie nicht vollständig bin." Bei echter Liebe sind Wahrheit und Güte im Gleichgewicht. Sie setzt Grenzen und geht Dinge an, die nicht toleriert werden können. Aber sie weigert sich, jemanden aufzugeben.

Das Gegenteil dieser Eigenschaft von Liebe ist Gleichgültigkeit. Viele Menschen meinen, das Gegenteil von Liebe sei Hass. Aber im Hass steckt immerhin noch eine gewisse Leidenschaft. Das Gegenteil von einer Liebe, die durchhält, ist der Entschluss, dass einem der andere egal ist. Man wendet sich ab und sagt: „Ich geb auf." Wahre Liebe tut das nicht. Sie sagt: „Ich gebe dich nicht auf, ganz egal, was passiert." Sie lässt sich auf den anderen ein, auch wenn es schwierig wird. Trotz allem Versagen, auch wenn man sich mit gutem Recht abwenden könnte, beschließt diese Liebe zu bleiben, weil Gott jeden von uns ja genauso behandelt.

Jesus hat das am Kreuz getan. Er wurde in gewisser Hinsicht nicht von den Römern oder den Juden gekreuzigt, und es waren auch nicht die Nägel, die ihn dort oben hielten. Eine Liebe, die alles erduldet, hielt ihn dort, weil wir Menschen ganz schrecklich versagt hatten und auch immer wieder versagen werden. Er nahm unsere Schuld auf sich und opferte sich selbst dafür. Er erfuhr den Zorn Gottes für unsere Sünden, damit wir ihn nicht erleben mussten. Wenn wir anderen Menschen eine Liebe entgegenbringen, die durchhält – die alles erträgt –, dann legen wir auch die Art von Liebe an den Tag, die Jesus uns erwiesen hat.

Das ist das Herzstück des Evangeliums. Wir werden nicht Christen oder bleiben Christen, weil wir unser Versagen überwinden. Wir setzen unser Vertrauen auf Jesus und kommen so in den Genuss seiner Vollkommenheit. Gott liebt uns rückhaltlos und hat beschlossen, unser Versagen zu überwinden, indem er uns durch Christus neues Leben gibt. Statt uns für unsere

Sünde zu verurteilen, tauscht er sie aus. Wenn wir an Jesus glauben und auf das vertrauen, was er für uns getan hat, sind wir in ein neues Leben hineingeboren. Gottes Geist lebt in uns. Bei diesem neuen Leben geht es nicht darum, dass wir versuchen, gut zu sein, in der Bibel zu lesen, zu beten, der Gemeinde Geld zu spenden und all das zu tun, was wir für „geistlich" halten. Bei diesem neuen Leben geht es darum, die Beziehung zu Gott zu pflegen und uns darauf zu verlassen, dass seine Kraft und Liebe durch uns wirkt.

Bei unserem neuen „Leben in Christus" geht es vor allem um Beziehungen, nicht um Ergebnisse. Es geht um Liebe, nicht um unsere Leistung.

Das ist nicht nur die perfekte Beschreibung der Liebe, von der in 1. Korinther 13 die Rede ist, es ist auch der Weg, wie wir weniger tun und mehr lieben können. Der Heilige Geist in uns treibt uns nicht unablässig auf das falsche Ziel des Erfolgs zu. Er weckt in uns das Verlangen, bei den Menschen zu sein, die wir lieben, uns in andere zu investieren und es zu genießen, wenn sie sich in uns investieren. Bei unserem neuen „Leben in Christus" geht es vor allem um Beziehungen, nicht um Ergebnisse. Es geht um Liebe, nicht um unsere Leistung. Es muss ganz umgeben und erfüllt sein von der Liebe, die Jesus uns erwiesen hat und die Gott jetzt in uns hineinlegt.

Das Ergebnis: Die Liebe wird niemals vergehen

Diese Art von Liebe wird niemals vergehen. Wörtlich heißt es hier im Originaltext, die Liebe „fällt nie herunter". Sie verdirbt nie und wird nie zerstört. Ihr geht nie der „Sprit" aus. Wenn Sie lieben, dann mögen sich die Situationen und Umstände zwar vielleicht nicht immer so entwickeln, wie Sie es sich wünschen, aber Sie werden nie verlieren. Das kann man von Ihren Bemühungen, mehr zu tun, mehr zu leisten, nicht behaupten. Sie können viel vollbringen und trotzdem versagen. Aber wenn Sie weniger tun und mehr lieben, werden Sie nie versagen. Sie können darauf vertrauen, dass Ihr Leben in der liebevollen Hand eines allwissenden, allmächtigen Gottes ist, auch wenn es mal nicht so läuft, wie Sie es möchten, wenn Menschen Sie im Stich lassen, wenn die Umstände anscheinend gegen Sie stehen. Wir können uns in andere investieren und deren Versagen abfangen, weil Gottes Liebe uns nie im Stich lassen wird.

Das gilt übrigens auch für unser eigenes Versagen. Gott würde uns nie dazu auffordern, anderen diese Liebe zu erweisen, die bis zum Ende durchhält und das Versagen überwindet, wenn er uns diese Liebe nicht auch selbst entgegenbringen wollte, wenn wir versagen. Wenn wir aufhören, unsere Vergangenheit, unsere Eltern, unsere Gesellschaft oder andere verantwortlich zu machen, und einfach zugeben, dass wir versagt haben, dann vergibt er uns. Er bleibt bei uns. Er liebt uns mit Wahrheit und mit Güte. Wenn wir also ehrlich sind und zugeben, dass wir keine guten Nachfolger Jesu, keine guten Ehepartner oder Eltern oder Freunde sind, nicht klug mit unseren Worten und unserem Geld umgehen, nicht loskommen von einer Sucht oder irgendeinem Fehlverhalten, begegnet er uns in unserem Versagen und hilft uns, darüber hinwegzukommen. Das ist Wahrheit und Güte. Das ist Liebe, die verzeiht, vertraut, nie die Hoffnung verliert und bis zum Ende durchhält. Und das ist die Liebe, die niemals vergehen wird.

Nachgedacht

- Wie ist Gott mit Ihrem Versagen umgegangen? Glauben Sie, dass er Ihnen in Ihrem Versagen wirklich genauso begegnet, wie wir anderen begegnen sollen? Warum oder warum nicht?

- Fällt Ihnen jemand ein, von dem Gott möchte, dass Sie ihn oder sie lieben, obwohl der- oder diejenige Sie im Stich gelassen hat? Wenn ja, welche der folgenden Antworten beschreibt die Situation am besten?

  - Das Versagen zudecken.
  - Trotz der Umstände das Beste von diesem Menschen glauben.
  - Darauf vertrauen, dass Gott an der Person arbeitet, obwohl die Situation hoffnungslos aussieht.
  - Bei der Person bleiben und ihr weiterhelfen, auch wenn Sie es nicht müssen.

- Warum ist es wichtig, dass Ihre Reaktion auf Versagen sowohl Wahrheit als auch Güte beinhaltet?

- Sind Ihnen beim Lesen dieses Kapitels bestimmte Situationen oder Personen aus Ihrem Leben in den Sinn gekommen? Was wären die nächsten Schritte im Umgang damit? Bitten Sie, falls nötig, Ihnen nahestehende Menschen um Unterstützung, um diese Schritte umzusetzen.

KAPITEL 6

„In The Name Of Love"

„Pride (In The Name Of Love)" (dt. „Stolz – Im Namen der Liebe") ist eines der bekanntesten Lieder der irischen Band „U2". Wenn man den Song zum ersten Mal hört, ist es allerdings schwer zu verstehen, worum es dabei geht. Die Melodie des Liedes entstand in einer frei improvisierten Jamsession auf Hawaii und der Text wurde erst später dazu geschrieben. Selbst Leadsänger Bono hat beklagt, dass manche der Worte keinen Sinn ergeben – sie wurden einfach zusammengewürfelt, wie die Elemente eines expressionistischen Gemäldes. In dem Lied geht es eigentlich um Martin Luther King, was aber auf den ersten Blick nicht erkennbar ist. Es klingt zum großen Teil so, als hätte man einfach Worte zusammengefügt, die gerade zur Melodie und zum Rhythmus passten.

Was hat dieses Lied also damit zu tun, dass wir weniger tun und mehr lieben sollten? Mir ist klar geworden, dass wir alle alles Mögliche „im Namen der Liebe" tun, das keinen Sinn ergibt. Wir geben uns viel Mühe und tun einige wirklich gute Dinge mit guten Absichten, aber sie bringen nicht immer die gewünschten Ergebnisse. Manchmal tun wir Dinge, von denen wir behaupten, dass wir sie aus Liebe tun, aber sie sind gar nicht liebevoll. Aber sie erleichtern unser Gewissen und rechtfertigen unsere Entscheidungen und unsere wahnwitzigen Terminkalender.

Hier ein kleines Gedicht, das ich über einige Beispiele dessen, was wir alles „im Namen der Liebe" tun, geschrieben habe:

Wir geben und geben und geben noch mehr,
doch das „nicht genug" verfolgt uns noch mehr.

Wir geh'n früh aus dem Haus und kommen spät heim –
keine Zeit, um mit lieben Menschen beisammen zu sein.

Wir sind scheinbar immer „auf dem Sprung",
nur die Liebe kommt nie so recht in Schwung.

Wir fördern die Kinder schon von klein auf,
doch dann hört die Fahrerei nie wieder auf.

Wir kaufen ihnen Computer und Smartphones dazu,
aber den Kindern hört dafür niemand mehr zu.

Wir fördern und feiern ihre Erfolge im Sport
und merken dann, sie sind jeden Sonntag fort.

Belohnung definiert bei uns den Erfolg,
doch Leidenschaft für Sein Wort wäre gottgewollt.

Ein ehrliches Wort wollen wir lieber vermeiden
und sehen dann zu, wie unsere Freunde drunter leiden.

Wenn Sie die erste Zeile jedes Verses genauer anschauen, werden Sie feststellen, dass immer ein ziemlich gutes Motiv dahintersteckt. Ist es nicht gut, großzügig zu sein? Hart zu arbeiten? Den Kindern zum Erfolg zu verhelfen? Freunde nicht zu verletzen? Diese Dinge sind an sich nicht falsch. Aber manchmal führen unsere gut gemeinten Bemühungen zu schlechten

Ergebnissen. Wenn die Mittel zum Zweck werden oder sich unsere Motive mit der Zeit etwas verlagern, sodass sie nicht mehr sind, was sie einmal waren, kann das Konsequenzen haben, die wir nicht wirklich wollen.

Die Frage, die wir uns in diesem Kapitel stellen wollen, lautet deshalb: Warum führt das Streben nach „guten“ Dingen so oft zu einem „schlechten“ Leben? Wir haben in den vergangenen Kapiteln festgestellt, dass auch die Korinther vor zweitausend Jahren schon einige unserer eigenen Probleme hatten – sie waren eine leistungsstarke, hochbegabte, weltoffene Gemeinde, die Zeichen von Unreife, Egoismus, Konflikten und der Unfähigkeit, einander zu lieben, an den Tag legte. Oberflächlich betrachtet wurden sie von dem Wunsch getrieben, für Gott zu leben und das Richtige zu tun, aber das führte nur zum Chaos.

Warum führt das Streben nach „guten“ Dingen so oft zu einem „schlechten“ Leben?

Offensichtlich war es den Korinthern am wichtigsten, sich gegenseitig zu beeindrucken und sich durch das, was sie hatten und konnten, einen Namen zu machen. Sie verklagten einander, redeten übereinander und versuchten, „geistlicher“ zu sein als die anderen. Dadurch entging ihnen aber das, worauf es wirklich ankam.

Wir haben uns schon angeschaut, wie wahre Liebe auf Verletzungen, Unterschiede und Versagen reagiert.

Jetzt schauen wir einmal, wie Liebe auf falsche Prioritäten reagiert. Es gibt einen Unterschied zwischen dem Motiv der Liebe und seiner praktischen Umsetzung. Die meisten von uns leben nicht aus Gleichgültigkeit so, wie sie leben. Wir lieben unsere Familie und unsere Freunde wirklich. Das Problem ist, dass wir unsere Liebe auf die falsche Weise in Aktion setzen.

An extremen Beispielen kann man besonders gut den Unterschied zwischen Motiven und ihrer Umsetzung erkennen. Man kann die besten Motive haben, wenn man jemandem aus finanziellen oder rechtlichen Schwierigkeiten heraushilft, aber diese Liebe ist fehlgeleitet, wenn man nie das eigentliche Problem oder Fehlverhalten dahinter angeht, durch das sich der Betreffende in Schwierigkeiten gebracht hat. Menschen denken, es sei ein Zeichen von Mitleid, wenn sie einem Suchtkranken „dieses eine Mal" aushelfen oder ihn vor den Folgen seines Verhaltens bewahren, aber in Wirklichkeit fördern, verlängern und vertiefen sie damit nur die Abhängigkeit. Das ist nicht die Art von „zudecken", von der wir in Kapitel 5 gesprochen haben. Es ist also durchaus möglich, liebevolle Motive zu verfolgen, die aber zu schädlichen Ergebnissen führen. „Mehr lieben" bedeutet nicht nur „weniger tun". Wahre Liebe bedeutet auch, Dinge *anders* zu tun.

Die Korinther wollten es sicher richtig machen. Die meisten von ihnen widersetzten sich nicht wissentlich dem Willen Gottes. Sie versuchten sogar, seinem Willen für ihr Leben zu folgen. Aber jeder hatte offenbar eine andere Vorstellung davon, wie das aussehen sollte. Es ging ihnen wie uns: Manchmal taten sie im Namen der Liebe unkluge Dinge. Ihre Prioritäten waren durcheinandergeraten.

FRAGE NR. 4:

Wie reagiert die Liebe auf falsche Prioritäten?

Die Liebe wird niemals vergehen. Einmal wird es keine Prophetien mehr geben, das Reden in unbekannten Sprachen wird aufhören, und auch Erkenntnis wird nicht mehr nötig sein. Denn unsere Erkenntnis ist bruchstückhaft, ebenso wie unser prophetisches Reden. Wenn aber das Vollkommene da ist, wird alles Vorläufige vergangen sein. Als Kind redete, dachte und urteilte ich wie ein Kind. Jetzt bin ich ein Mann und habe das kindliche Wesen abgelegt. Jetzt sehen wir nur ein undeutliches Bild wie in einem trüben Spiegel. Einmal aber werden wir Gott von Angesicht zu Angesicht sehen. Jetzt erkenne ich nur Bruchstücke, doch einmal werde ich alles klar erkennen, so deutlich, wie Gott mich jetzt schon kennt. Was bleibt, sind Glaube, Hoffnung und Liebe. Die Liebe aber ist das Größte.

1. Korinther 13,8–13

Wir haben schon festgestellt, dass dieses wunderbare Kapitel über die Liebe eigentlich fehlgeleitete Prioritäten in der Gemeinde korrigieren sollte. Paulus machte diese allumfassende, absolute Aussage, dass die Liebe niemals vergeht. Aber fast alles andere – sogar gute Geistesgaben und geistliche Praktiken – ist vergänglich. Vieles von dem, was diese Gemeinde tat, war in Wirklichkeit kindisch, und deshalb schrieb Paulus ihnen: Werdet endlich erwachsen! Es gibt einen Unterschied zwischen dem, was bleibt, und dem, was nicht bleibt. Der Schlüssel zu echter Liebe ist, sich auf das zu konzentrieren, was bleibt.

Hier können wir jetzt Nägel mit Köpfen machen, wenn wir unser Leben wirklich einfacher gestalten wollen. Wenn wir in einigen Monaten oder Jahren in besseren, tieferen Beziehungen leben und weniger Stress haben wollen als jetzt, müssen wir uns diese Wahrheit zu Herzen nehmen: Die Liebe weigert sich hartnäckig, „guten" vergänglichen Dingen zu erlauben, die „besten" ewigen Dinge zu verdrängen.

Die Liebe weigert sich hartnäckig, „guten" vergänglichen Dingen zu erlauben, die „besten" ewigen Dinge zu verdrängen.

Mit anderen Worten: Die Liebe kann und wird nie das Gute über das Beste setzen.

Warum muss die Liebe „hartnäckig" sein in ihren Entscheidungen? Weil manchen Menschen Ihre neuen Prioritäten nicht gefallen werden. Die richtigen Prioritäten zu setzen kann manchmal bedeuten, dass Sie in Bereichen, wo Sie es gewohnt sind, bestätigt zu werden, weniger Bestätigung erhalten werden. Es gibt viele Gründe, warum das am Anfang nicht sehr angenehm sein wird, und man gerät oft in Versuchung, den Prozess zu umgehen oder abzubrechen. Aber wenn man nur kleine Veränderungen herbeiführt, fallen diese nach einigen Tagen meist gar nicht mehr auf, und sie bewegen auch nicht wirklich etwas. Dann sind Sie wieder genauso überlastet wie vorher. Veränderung muss entschlossen angegangen werden und deutlich sein. Und wenn sie von Dauer sein soll, müssen Sie hartnäckig sein.

Es wird nichts nutzen, Ihren Zeitplan hier ein bisschen zu optimieren oder sich da ein paar Stunden für die wirklich wichtigen Dinge freizuschaufeln. Sie müssen schon ziemlich radikale

Schritte unternehmen, um ans Ziel zu kommen. Das kann bedeuten, dass Sie ganze Lebensbereiche umgestalten müssen. Eine neue Ausrichtung kann manchmal auf Kosten dessen gehen, was einem im Augenblick wichtig erscheint. Aber wenn Sie Beziehungsprobleme wirklich überwinden, einfacher leben und Ihrem Leben mehr Sinn geben wollen, dann erreichen Sie das, indem Sie diese radikale Liebe, von der in 1. Korinther 13 die Rede ist, in die Praxis umsetzen.

Wie reagiert nun die Liebe auf falsch gesetzte Prioritäten? Sie erkennt den Unterschied zwischen Vergänglichem und Ewigem und entscheidet sich für die langfristige Perspektive. Geistesgaben bleiben nicht ewig. Im Himmel brauchen wir sie nicht. Glaube, Hoffnung und Liebe kommen aber nie aus der Mode. Sie bleiben ewig. Und die Liebe ist das Wichtigste von diesen dreien.

Die These: Die Liebe ist das Größte – unsere oberste Priorität

Paulus stellt die These auf, dass die Liebe das Größte ist. Sie hat oberste Priorität. Ganz gleich, was sonst noch auf unserer Tagesordnung steht, die Liebe übertrumpft alles. Warum? Weil die Liebe niemals vergeht. Sie kann nie verderben. Sie ist ewig.

Die Liebe ist die Eigenschaft, die Gott am besten beschreibt (1. Johannes 4,8 und 16). Sie bestimmt seine Tagesordnung. Die Liebe bestimmt auch alle anderen Eigenschaften Gottes. Sie bestimmt seinen Umgang mit uns. Also ist es nur logisch, dass die Liebe auch in unserem Leben zur obersten Priorität werden muss, wenn wir ihm ähnlicher werden wollen.

> Ganz gleich, was sonst noch auf unserer Tagesordnung steht, die Liebe übertrumpft alles.

Wenn jemand Ihren Terminkalender oder Ihre Kontoauszüge betrachten würde, könnte er daran erkennen, dass Liebe bei Ihnen Priorität hat? Wenn jemand Ihre Gedanken lesen könnte, wenn Sie gerade innerlich abschalten und Ihre Gedanken auf Wanderschaft gehen, könnte er darin einen Menschen erkennen, der Gott und andere von ganzem Herzen liebt? Wenn Sie Ihre Beziehung zu Gott einmal ganz praktisch betrachten, stimmen Ihre sehnlichsten Wünsche mit seinen wichtigsten Geboten überein, nämlich Gott und die Menschen zu lieben?

Viele von uns müssen darauf wahrscheinlich mit Nein antworten. Natürlich würden die meisten Menschen – auch viele Nichtchristen – sagen, dass die Liebe das Wichtigste auf der Welt ist. Diejenigen, die an das glauben, was in der Bibel steht, würden sagen, dass es der Sinn unseres Lebens ist, Gottes oberstes Gebot zu erfüllen, nämlich ihn und unseren Nächsten zu lieben. Aber wenn wir dann unsere Zeit, unser Geld, unsere Träume und die Richtung anschauen, die unser Leben gerade nimmt, müssen wir uns fragen: Stimmen diese Dinge mit dem Ideal überein? Oder machen wir uns selbst etwas vor?

Der Vergleich: Selbst die besten vergänglichen Dinge sind weit weniger wichtig als die Liebe

Wir können uns besonders leicht etwas vormachen, wenn wir geistlichen Dienst und Gaben mit Liebe verwechseln. Dieses Streben nach Bedeutung und Sinn zeigt sich manchmal in der Gemeinde. Wir gehören vielleicht nicht zu denen, die der berufliche Ehrgeiz antreibt, aber wir bringen uns mit unseren von Gott gegebenen Gaben verstärkt in der Gemeinde ein. Das ist natürlich wichtig, denn wir sollen einander ja mit den Gaben dienen, die Gott uns gegeben hat. Aber tun wir das nur, weil wir geliebt werden wollen, wie wir es im letzten Kapitel besprochen haben? Oder ist unser Dienst wirklich ein Ausdruck unserer Liebe? Der Unterschied ist nicht immer leicht zu erkennen. Wenn wir feststellen, dass wir bei unserem Dienst übermäßig um unser Image, unseren Ruf und die Anerkennung für unseren Dienst besorgt sind, ist es ziemlich wahrscheinlich, dass die Gemeinde nur ein weiterer unserer verkehrten Versuche ist, Annahme und Anerkennung zu finden. Wir können uns ganz in unserer frommen Aktivität verlieren und trotzdem die falschen Prioritäten haben.

Paulus sagt, dass sogar mächtige, nützliche Geistesgaben weniger wichtig sind als die Liebe. Die Liebe muss das Motiv hinter allem sein. Die Gaben wurden uns für die extrem wichtige Aufgabe gegeben, Gottes Reich auszubreiten, aber sie sind trotzdem nicht das Wichtigste. Irgendwann wird es keine Prophetie mehr geben. Das Reden in fremden Sprachen wird verschwinden. Sogar unsere Erkenntnisse über Gottes Willen – oder zumindest die Mittel und Wege, mit denen wir jetzt zu geistlichen Erkenntnissen kommen – werden irgendwann nicht mehr wichtig sein. Denn nichts davon brauchen wir noch, wenn Jesus wiederkommt und wir ihn von Angesicht zu Angesicht sehen. Aber die Liebe? Sie bleibt ewig.

> Erkennen Sie jetzt, wie gute Dinge zu schlechten Ergebnissen führen können? Das passiert immer dann, wenn die Liebe nicht die oberste Priorität in unserem Leben ist.

Denken Sie einmal darüber nach, was das für unsere Gemeinden und Familien bedeutet. Es ist wichtig, dass wir unsere Zeit und Mittel in die Dienste und Menschen in unserem Umfeld investieren, aber wenn wir immer nur geben, ohne jemals aufzutanken, dann führt das nur zu Schuldgefühlen und Ausgebranntsein. Es ist gut, unseren Kindern Erfahrungen zu ermöglichen, an denen sie wachsen, aber wenn das bedeutet, dass wir jedes Wochenende nur im Auto verbringen, ohne intensiv Zeit miteinander zu verbringen, dann führt das nur zu viel Aktivität und wenig Beziehung. Es ist gut, ein treuer Mitarbeiter zu sein, der auch mal die Extrameile geht, aber wenn das bedeutet, jeden Morgen um halb sechs aufzustehen und abends um acht nach Hause zu kommen, dann führt es zwar zu viel Leistung, aber wenig innerem Wachstum oder Zeit mit Gott und anderen. Erkennen Sie jetzt, wie gute Dinge zu schlechten Ergebnissen führen können? Das passiert immer dann, wenn die Liebe nicht die oberste Priorität in unserem Leben ist.

Der Grund: Nichts davon bleibt ewig

Der Grund, weshalb großartige Dienste – zu denen Paulus zum Beispiel die Prophetie, das Reden in unbekannten Sprachen und die geistliche Erkenntnis zählt – sich trotzdem nicht mit der Liebe messen können, ist, dass sie nicht ewig Bestand haben. Diese Dinge, die wir tun, weil wir zu Gott gehören, sind großartig, aber wir werden sie nicht ewig benötigen. Das „Vollkommene" wird kommen – wenn Jesus wiederkommt, werden alle Dinge erfüllt und vollkommen sein. Die meisten unserer Dienste werden dann nicht mehr gebraucht. Dann werden wir alles ganz klar erkennen, so wie er uns schon jetzt ganz kennt.

Paulus will damit sagen: „Ihr seid so damit beschäftigt, euch um Geistesgaben zu streiten und wer wirklich fromm ist und wer nicht, dass euch völlig entgeht, was all diese Gaben gemeinsam haben: Sie sind vergänglich." Nicht, dass sie nicht wichtig wären. Sie sind nur nicht *das Wichtigste*.

Unsere Gesellschaft ist sehr darum bemüht, neu zu definieren, was wirklich wichtig ist, und es ist sehr verführerisch, da mitzumachen. Uns wird gesagt, dass wir kein guter Vater sind, wenn wir nicht jedes Wochenende mit unseren Kindern Fußball spielen oder sie zum Ballett fahren. Oder dass wir als Singles nicht erfolgreich sind, wenn wir nicht mit „bestimmten" Leuten zusammen sind, Designer-Klamotten tragen und immer auf dem neuesten Stand sind. Oder dass wir nicht erfolgreich sind, wenn wir nicht bestimmte Autos fahren oder ein schönes Haus im Grünen haben. Also drehen wir das Hamsterrad, in dem Bemühen, diesen künstlichen Maßstäben gerecht zu werden, und haben dabei meistens Schuldgefühle, weil wir nicht mithalten können oder ausgebrannt sind, weil wir so sehr versuchen, „es zu schaffen".

Aber was wollen wir eigentlich „schaffen"? Einem falschen Maßstab für Erfolg folgen? Wollen wir wirklich ganz groß rauskommen und auf dem Weg dahin riskieren, dass die Menschen in unserem Leben auf der Strecke bleiben? Oder wollen wir beruflich erfolgreich sein und dafür in Kauf nehmen, dass unsere Kinder uns nicht wirklich kennen und sich auch gar nicht mehr für uns interessieren?

In jedem Lebensbereich gibt es Stolperfallen, und das gilt auch für den Gemeindedienst. Ein Freund von mir ist Pastor im Ausland und leitet einen sehr effektiven Dienst, der Zehntausende von Menschen prägt. Er unterrichtet an einer theologischen Hochschule, ist administrativer Direktor einer sehr großen Gemeinde und Sprecher auf Konferenzen. Aber sein Familienleben leidet darunter. Seine kleine Tochter sieht ihn nicht oft, weil er schon um vier Uhr morgens aufsteht und erst nach acht Uhr abends heimkommt. Er füllt quasi drei

Vollzeitstellen aus und hat mehrere Universitätsabschlüsse. Er gibt ehrlich zu: „Ich habe das Gefühl, gefangen zu sein." Er setzt sich für gute, fromme Dinge ein, aber das Ergebnis ist nicht wünschenswert. Warum? Weil er falsche Prioritäten setzt.

Wir alle tun viel „im Namen der Liebe", was nicht die Frucht der Liebe hervorbringt. Nicht, dass die guten Dinge, die wir tun, nicht wichtig wären. Sie sind sehr wichtig. Aber sie haben eben nicht oberste Priorität. Wir räumen ihnen einen höheren Stellenwert ein, als sie haben sollten. Wenn wir mehr – und auch aufrichtiger und tiefer – lieben wollen, müssen wir unsere Prioritäten neu ordnen und weniger von dem tun, was uns gefangen nimmt.

Wir alle tun viel „im Namen der Liebe", was nicht die Frucht der Liebe hervorbringt.

Vielen Menschen wird das am Ende ihres Lebens klar, aber dann ist es zu spät. Dann blicken sie mit Bedauern auf ihr Leben zurück. Sie fragen sich, was wohl passiert wäre, wenn sie sich täglich eine halbe Stunde Zeit mit Gott genommen hätten oder wenn sie als Familie ein paarmal pro Woche zusammen zu Abend gegessen hätten oder wenn sie, statt jeden Abend fernzusehen, Zeit mit den Menschen verbracht hätten, die ihnen wirklich wichtig waren. Wir sollten unser Leben daher schon jetzt vom Ende her betrachten, solange wir noch Zeit haben, uns den Dingen zuzuwenden, die wirklich wichtig sind und die für die Ewigkeit Bestand haben.

Vor zwanzig Jahren habe ich einmal einen Vergleich gehört, der mir geholfen hat, diese Wahrheit zu begreifen.[4] Stellen Sie sich vor, Sie geben aus einem ganz besonderen Anlass eine Riesenparty und bestellen dafür eine Eisskulptur, die der dekorative Mittelpunkt des Ganzen sein soll. Die Künstler besorgen einen riesigen Eisblock, entwerfen etwas Wunderschönes und fangen an, das Motiv mit ihren Kettensägen und Meißeln herauszuhauen. Nach wochenlanger Arbeit kommt der große Tag. Die Eiskünstler rollen ihr sieben Meter hohes Kunstwerk, das farbig beleuchtet ist, herein und stellen es im Freien mitten unter die Festgesellschaft. Tausende von Gästen bestaunen das unglaubliche Kunstwerk. Es ist wirklich beeindruckend und wird Gesprächsthema Nummer eins auf der Party.

Als die freiwilligen Helfer etliche Stunden später aufräumen, ist von der Eisskulptur nur noch eine riesige Pfütze übrig. Sie war wunderschön, solange sie gefroren war, aber jetzt ist praktisch nichts mehr übrig. Das Werk der Künstler war herausragend und wurde von allen bewundert, aber es hatte keinen Bestand.

Ich frage mich, wie viele von uns hervorragende Arbeit leisten und all ihre Kraft und Zeit in „sehr gute Dinge" investieren, die aber einfach keinen Bestand haben.

Ich frage mich, wie viele von uns hervorragende Arbeit leisten und all ihre Kraft und Zeit in „sehr gute Dinge" investieren, die aber einfach keinen Bestand haben. Und ich frage mich, ob das auf unsere Sehnsucht nach vergänglichem Applaus und den Wunsch, andere zu beeindrucken, zurückgeht. Ich frage mich, ob es vielleicht diese ernst gemeinten, aber falschen Prioritäten sind, die unser Leben so kompliziert und unsere Beziehungen so oberflächlich machen. Was meinen Sie? Mit welchen Anforderungen und Herausforderungen, die einmal dahinschmelzen werden, wenn alles vorüber ist, leben Sie? Und wie können Sie sich aus dieser Sucht nach dem Vergänglichen befreien?

Die Lösung: Erwachsen werden

Und wie genau geht das? Paulus hat darauf eine ganz einfache Antwort: Werdet erwachsen. So reagiert die Liebe auf falsche Prioritäten. Als Kinder reden wir wie Kinder, denken wie Kinder und urteilen wie Kinder. Aber wenn wir erwachsen werden, sollten wir kindliche Dinge ablegen. Wir reden, denken und urteilen wie Erwachsene.

Diese drei Worte aus Vers 11 – „reden", „denken" und „urteilen" – sind sehr aufschlussreich. Sie verraten uns eine Menge über den Unterschied zwischen Kindern und Erwachsenen.

Wie gehen Kinder miteinander um? Worüber reden sie? Es geht immer darum, was sie wollen. Darauf richten sie ihre Bestrebungen. Ganz gleich, wie viel Spielzeug sie zur Auswahl haben, zwei kleine Kinder werden immer das eine Spielzeug finden, um das sie sich streiten können, und dann sagen sie: „Meins!" Sie wollen immer irgendetwas haben oder irgendetwas machen.

Worüber denken Kinder nach? Meistens über sich selbst. Sie sind sehr ich-zentriert. Ich habe noch nie gehört, dass ein Kind einen Raum voller Kinder betritt und fragt: „Wie geht es euch so? Was läuft gerade in eurem Leben? Will jemand ein Glas Saft oder Milch? Habt ihr genug Spielzeug?" Ich habe noch nie erlebt, dass ein Kind morgens aufwacht und überlegt, wie es Mama oder Papa heute ermutigen kann. Sie setzen sich nicht zu den anderen Kindern, um zu hören, wie es ihnen gerade geht. Nein, kleine Kinder sind ganz auf ihre eigenen Bedürfnisse, Wünsche und Interessen ausgerichtet.

Sie sind auch auf das „Jetzt und Hier" ausgerichtet. So urteilen sie. Wenn Sie einem Kind anbieten, es könne jetzt gleich einen Schokoriegel haben oder in ein paar Tagen zwei Riegel, werden die meisten sich für den einen jetzt gleich entscheiden. „In ein paar Tagen" ist zu weit entfernt, um darüber nachzudenken. Sie verstehen ihre Bedürfnisse und Wünsche unmittelbar.

Dieses Bild malte Paulus von den Christen in Korinth und ihren falschen Prioritäten. Sie interessierten sich nur für ihre Wünsche, waren auf sich selbst fixiert und urteilten sehr kurzsichtig. Im Grunde bezeichnete Paulus ihr Verhalten als „kindlich" und „kindisch".

Aber es gibt noch einen besseren Weg. Wenn wir erwachsen werden, legen wir diese kindliche Art ab – zumindest sollten wir das theoretisch tun. Das soll natürlich nicht heißen, dass alle Erwachsenen so reif sind. Deshalb musste Paulus die Korinther ja daran erinnern, sich wie Erwachsene zu verhalten. Aber im Normalfall halten wir jemanden für erwachsen, wenn er oder sie sich auf eine bestimmte Art und Weise verhält.

Was ist also an Erwachsenen anders?

Wenn wir reifer werden, sprechen wir nicht mehr so viel über das, was wir wollen, sondern mehr über das, was in einer bestimmten Situation vonnöten ist. Was ist das Beste für alle Beteiligten? Was ist die Lösung des Problems? Damit sollten Erwachsene sich beschäftigen.

Wenn wir erwachsen werden, merken wir, dass es im Leben nicht immer nur um uns geht.

Wenn wir erwachsen werden, merken wir, dass es im Leben nicht immer nur um uns geht. Unser Denken dreht sich mehr um andere. Wir richten unseren Blick stärker nach außen. Mütter wachen morgens zum Beispiel nicht auf und überlegen, wie sie sich einen schönen Tag machen können. Das steht überhaupt nicht zur Debatte. Die Kinder werden schließlich nicht von alleine satt und sauber. Die Pflicht ruft. Wir müssen an die Bedürfnisse anderer denken.

Und wenn wir erwachsen werden, lernen wir, weiter vorauszuschauen und zu planen. Wir sehen die Dinge längerfristig. Wir lassen die unmittelbaren Vergnügungen hinter uns, weil die spätere Belohnung so viel größer sein wird. Unsere Frage wandelt sich von „Was bringt mir das jetzt?" zu „Was bringt langfristig möglichst vielen Menschen etwas?". Das ist die Perspektive eines erwachsenen Menschen.

Die Korinther hatten diese Perspektive nicht und, offen gestanden, haben viele von uns sie auch nicht. Wir denken vielleicht, wir planten langfristig und zugunsten der anderen, aber wir machen uns selbst etwas vor, wenn wir glauben, tiefe Beziehungen für mehr Geld, mehr Bildung, mehr Erfahrungen und mehr Möglichkeiten zu opfern, sei die Sache wert. Langfristig sind aber tiefgehende Beziehungen viel wichtiger! Die Liebe hat oberste Priorität.

Das grundlegende Prinzip: Eine vernebelte Sicht führt zu einem komplizierten Leben, eine klare Sicht führt zur Liebe

In der Antike konnte man in einem Spiegel nicht so klar sehen wie heute. Antike Spiegel bestanden aus blank polierter Bronze und lieferten ein ziemlich verschwommenes Bild. Man konnte zwar das eigene Gesicht erkennen, aber es war kein scharfes Spiegelbild. Es war schwer zu erkennen.

So ist unsere Sicht jetzt, sagt Paulus deshalb. Wir sehen nicht alles klar. Aber wenn Jesus wiederkommt, werden wir alles erkennen, und nach dem, was in 1. Johannes 3, Vers 2 steht, werden wir wie er sein – völlig verwandelt.

Unsere unklare Sicht macht unser Leben so kompliziert. Aus allen möglichen Richtungen werden Forderungen an uns gestellt und wir fühlen uns hin- und hergerissen. Die Familie braucht uns, die Arbeit stellt Anforderungen an uns, die Gemeinde ruft, und dann haben wir auch noch unsere eigenen Träume und Ziele. Die meisten von uns wissen nicht, wofür sie sich entscheiden sollen, und so versuchen wir, allen und allem gerecht zu werden. Aber das endet damit, dass wir nichts wirklich gut machen und unsere eigene Seele vernachlässigen.

Die meisten von uns wissen nicht, wofür sie sich entscheiden sollen, und so versuchen wir, allen und allem gerecht zu werden.

Wenn die Sicht klarer wird, fühlen wir uns nicht länger hin- und hergerissen, so wie jetzt. Wenn wir klar erkennen, wohin wir gehen und was wirklich am wichtigsten ist, werden wir nicht länger vom Druck und von Forderungen hin- und hergerissen, die nicht das Beste für uns sind.

Als wir beispielsweise erfuhren, dass Theresa Krebs hatte, bekam ich eine so klare Sicht der Dinge wie noch nie zuvor. Ich gestehe, dass ich zu den Menschen gehöre, die damit zu kämpfen haben, das „Beste“ zu erkennen, und das führt dazu, dass ich viel zu viel zu tun versuche. Überanstrengung war schon mein ganzes Leben lang ein Problem für mich gewesen. Aber am 6. Dezember 2010 – der Tag, an dem wir die Nachricht erhielten – wurde mir mit einem Schlag klar, was am wichtigsten war. Innerhalb einer Woche sagte ich alle Vorträge und Auswärtstermine für die nächsten sechs Monate ab. Und das war ganz leicht! Ich hatte keine Zweifel, hatte nie das Gefühl, etwas zu verpassen, oder Angst, dass meine Arbeit darunter leiden würde. Warum? Wenn man mehr liebt, tut man weniger.

Wir durchlebten die Operation und die monatelange Therapie gemeinsam. Irgendwie fand ich die Zeit, sie zu jedem Termin selbst zu fahren.

Das Wissen, dass ich vielleicht nicht mehr allzu viel Zeit mit dem Menschen verbringen würde, den ich am meisten liebe, veränderte meine Prioritäten von Grund auf. Interessanterweise hatten in der Gemeinde zahlreiche Menschen den Eindruck, dass meine Predigten neue Kraft gewonnen hatten, und zu unserem Erstaunen wuchs die Arbeit von „Living on the Edge" während meiner Abwesenheit.

Wenn man eine klare Sicht hat, kauft man keine Dinge mehr, die man nicht braucht, mit Geld, das man nicht hat, um Menschen zu beeindrucken, die das gar nicht interessiert. Man taucht nicht länger in Unterhaltung ab, die einem im Grunde nur die Philosophie dieser Welt eintrichtern will – kindische Perspektiven, die ganz auf das Hier und Jetzt und das Ich-mir-mein ausgerichtet sind. Sie werden nicht länger Ihre Arbeit vergöttern oder eine Leiter hinaufklettern, von der Sie nicht einmal wissen, ob Sie wirklich darauf stehen wollen. Eine klare Sicht der Dinge macht das Leben viel einfacher.

Darum geht es im Kern in diesem Kapitel. Ein falsches Wertesystem macht unser Leben nur kompliziert und führt letztlich zu innerer Leere. Deshalb müssen wir das kindische Wesen ablegen und erwachsen werden. Was wir mit unseren Augen sehen, ist nicht genug, ist nicht alles. Wir müssen verstehen, dass wir eine ganz klare Sicht der Dinge haben werden, wenn wir einmal vor Jesus stehen, und dass wir dann Glaube, Hoffnung und Liebe als einen kostbaren Schatz erkennen werden und die Liebe das Größte davon sein wird. Warum ist die Liebe das Wichtigste? Sie hat Bestand! Ewig! Glaube heißt, auf das zu vertrauen, was wir nicht sehen, nämlich die Verheißungen und das Wesen Gottes. Aber eines Tages wird aus Glauben Schauen. Durch die Hoffnung ist unsere Seele in der Gewissheit von Gottes Plan verwurzelt, aber eines Tages wird dieser Plan erfüllt sein. Eines Tages werden wir bekommen, worauf wir jetzt noch unsere Hoffnung setzen. Aber die Liebe bleibt bestehen. Sie hört nie auf. Wenn wir vor Jesus stehen, wird die Liebe in den Mittelpunkt rücken. Fangen Sie an zu begreifen, warum die Liebe der Schlüssel zu einem einfacheren Leben ist? Es geht nicht darum, sich noch mehr anzustrengen, um weniger zu tun. Es geht darum, einen klareren Blick für das Wesentliche zu haben, um mehr zu lieben.

Wenn Sie jetzt einen ehrlichen Blick auf Ihr Leben werfen und feststellen, dass Sie in einigen Bereichen falsche Prioritäten setzen, dann gehen Sie nicht zu hart mit sich ins Gericht. Sie leben in einer komplexen Welt, in der ein harter Konkurrenzkampf herrscht. Hier heißt es in vielen Bereichen „Jeder gegen jeden". Nur der Stärkste kommt durch, falls man überhaupt irgendwie durchkommt. Es gibt Druck und Anforderungen von allen Seiten, die sich oft gegenseitig ausschließen. Manche Parteien haben sehr glaubwürdige Argumente. Daher ist es nur verständlich, wenn wir unsere Prioritäten durcheinanderbringen. Es geht also nicht darum, dass Gott sauer auf uns ist, weil wir falsche Prioritäten setzen. Unser himmlischer Vater will uns nur zu verstehen geben, dass es etwas Besseres gibt, als in einigen Jahren festzustellen, dass all unsere Anstrengungen zu einer großen Pfütze zusammengeschmolzen sind. Sein Vorrat an Gnade ist unerschöpflich, und er versteht sehr wohl, warum wir dort gelandet sind, wo wir jetzt sind. Es gibt einen Grund dafür, dass wir im Spiegel nur verschwommen sehen – man hat uns einen trüben Spiegel in die Hand gedrückt.

Aber wir haben auch einen kleinen Einblick in die himmlische Perspektive bekommen, und die gibt uns einen viel besseren Maßstab an die Hand. Wenn wir anfangen, erwachsene Fragen zu stellen – wie: „Was ist wirklich wichtig?" oder: „Was ist, langfristig gesehen, am klügsten?" –, erhalten wir ziemlich klare Antworten. Wenn wir also nur Bruchstücke sehen, aber eine klare Vision haben wollen, müssen wir uns nur an die eine Offenbarung halten, in der Gott uns versprochen hat, unsere Schritte zu leiten und ein Licht auf unserem Weg zu sein: Wir müssen uns in Gottes Wort vertiefen. Das soll jetzt keine gesetzliche Anweisung sein, die Bibel zu lesen. Aber die Bibel ist eben einfach das wichtigste Kommunikationsmittel in dieser Liebesbeziehung zu unserem himmlischen Vater. Wenn wir verwirrt sind, dürfen wir ihn fragen und dann auf seine Wegweisung warten. Wenn wir offen dafür sind, findet er einen Weg, damit seine Wahrheit zu uns durchdringt. Meistens geschieht das, indem er uns etwas in seinem Wort zeigt, das uns genau zum richtigen Zeitpunkt und genau auf die richtige Weise mitten ins Herz trifft. Für uns Menschen, die wir nur undeutlich sehen, ist das unerlässlich.

> Wenn Sie jetzt einen ehrlichen Blick auf Ihr Leben werfen und feststellen, dass Sie einige falsche Prioritäten setzen, dann gehen Sie nicht zu hart mit sich ins Gericht.

Das wird uns helfen, wenn wir uns so schwere Fragen stellen wie, ob beide Eltern arbeiten gehen müssen oder ob ein paar Überstunden jeden Abend eine kluge Idee sind oder ob die Kinder in diesem Alter schon ein Handy haben müssen oder all die anderen Fragen, mit denen wir uns herumschlagen. In der Bibel stehen keine detaillierten Antworten auf solche Fragen, aber wir finden die grundlegenden Prinzipien, die uns leiten sollen, und

Gott wird zu uns sprechen, wenn wir ihn um seine Führung bitten. Ganz gleich, wie wir uns in solchen Fragen entscheiden, wir wissen, dass es für alle Mitglieder unserer Familie unverzichtbar ist, Zeit mit Gott zu verbringen, die Beziehungen untereinander zu pflegen und Gottes Liebe an die Menschen in unserem Umfeld weiterzugeben.

Darum geht es im Grunde bei einem einfacheren Leben. Es geht nicht darum, einen alternativen, etwas schrägen frommen Lebensstil zu entwickeln. Aber weil wir zu Gott gehören, sollten wir anders leben als die Menschen, die ihn noch nicht kennen. Wir sollten Zeit mit ihm verbringen und das Beste genießen, was er uns schenkt. Es bedeutet, dass die Menschen in unserem Umfeld sehen können, dass ein Leben mit Gott anders ist – erfrischend, mit mehr Tiefgang und von Frieden erfüllt, weil wir Zeit mit ihm verbringen und sich das auf andere positiv auswirkt. Es bedeutet, dass wir in einem anderen Rennen mitlaufen als dem unbarmherzigen Rennen unserer Zeit, das überhaupt keine Ziellinie hat.

Wenn wir es zu unserer obersten Priorität machen, Gott und andere zu lieben, kann es sein, dass wir dabei auf etwas Widerstand stoßen oder dass es etwas unbequem wird. Aber Gott ist groß genug, sich um alles zu kümmern, was wir überwinden müssen. Er hat uns für ein Leben in Frieden erschaffen, in dem wir bei ihm Freude und Erfüllung finden.

Nachgedacht

- Wie können unsere scheinbar so guten Motive langfristig in Wirklichkeit lieblos sein?
- Wo haben gute Dinge Sie davon abgehalten, Ihr Leben und Ihre Kraft in das Allerbeste zu investieren?
- Wo müssen Sie in Ihrem Reden, Denken und Urteilen „erwachsen" werden, um falsche Prioritäten zu ändern? Wie könnte das ganz praktisch aussehen?
- Was ist Ihr nächster Glaubens- und/oder Gehorsamsschritt, um Ihre Prioritäten an dem auszurichten, was am wichtigsten ist und für die Ewigkeit Bestand hat?

KAPITEL 7
„What The World Needs Now"

Meine Tochter Annie und ich waren vor Kurzem mit einem Mietwagen unterwegs, der Satellitenradio hatte. Da wir beide Mühe hatten, wach zu bleiben, meinte Annie irgendwann: „Lass uns doch mal gucken, was im Radio läuft."

Ein Satellitenradio bietet jede Menge Sender zur Auswahl, und so suchten wir so lange, bis wir ein Lied fanden, das wir beide kannten, dann sangen wir eine Weile mit und suchten uns anschließend einen anderen Sender. In den nächsten zwei Stunden zappten wir durch etwa fünfzig Sender, um wach zu bleiben. Auf den meisten Sendern liefen Lieder über die Liebe – gefundene Liebe, verlorene Liebe, Sehnsucht nach Liebe, erlebte Liebe, noch mehr Sehnsucht nach Liebe und so weiter. Wir hörten Country-Liebeslieder, Hip-Hop-Liebeslieder, Alternative-Rock-Liebeslieder, Schlager-Liebeslieder … Überall ging's um Liebe.

Es ist ziemlich offensichtlich, dass unsere Welt sich nach Liebe sehnt. Das Ganze hat mich an einen beliebten Song aus den Sechzigern erinnert: „What The World Needs Now" („Was die Welt jetzt braucht") von Hal David und Burt Bacharach. Es ist ein sentimentales kleines Lied, aber absolut zutreffend. Wir sind für die Liebe gemacht. Und das ist genau das, was die Welt braucht.

Unsere Handys und Computer haben kleine Empfänger eingebaut, die ständig nach einer Verbindung suchen. Manchmal taucht auf dem Display oder Bildschirm ein kleiner Kreisel auf, der uns zeigt, dass sie gerade nach einer Verbindung suchen. Wenn sie eine gefunden haben, können wir Informationen verschicken oder empfangen. Aber sobald man an einen anderen Ort geht, fangen die Geräte erneut an zu suchen. Sie wollen immer verbunden sein.

Genau wie unsere Handys haben auch wir alle so einen kleinen Empfänger in uns, der ständig nach Liebe sucht. Vom Augenblick unserer Geburt an richtet sich etwas in uns nach oben und nach draußen, um Verbindung aufzunehmen – um bestätigt, geliebt, gehalten und geschätzt zu werden. Wenn wir das nicht bekommen, drehen wir uns wie ein Kreisel, bis wir es irgendwo finden. Wir sehnen uns nach dieser Beziehung, die nicht auf dem basiert, was wir leisten oder wie wir aussehen, sondern wo wir einfach so geliebt werden, wie wir sind. Dieses Verlangen nach Liebe hält bis zu unserem letzten Atemzug an. Es wird nie verschwinden.

Vom Augenblick unserer Geburt an richtet sich etwas in uns nach oben und nach draußen, um Verbindung aufzunehmen.

Es gibt nur einen Ort, an dem wir die Liebe finden, die wir *wirklich* brauchen, aber es gibt unzählige Arten, danach zu suchen. Über viele davon haben wir in Kapitel 4 gesprochen. Wenn wir die Liebe auf die richtige Art und am richtigen Ort suchen, macht es das Leben viel einfacher. Wenn nicht, passieren schlimme Dinge, und das Leben wird sehr viel komplizierter. Und eine Erfahrung, die leider viel zu viele von uns machen, ist: Wenn wir nicht auf eine für uns nachvollziehbare Art zutiefst und ganz persönlich geliebt werden, geben wir uns mit jeder Menge Pseudo-Liebe als Ersatz zufrieden.

Ein solcher Ersatz ist beispielsweise die *Bestätigung*, die wir für unseren Erfolg bekommen – wenn andere sagen: „Das kannst du gut!", „Wow, du hast aber tolle Noten" oder: „Du bist so klug." Wir lieben es, Bestätigung zu bekommen, und meistens sind wir bereit, alles Mögliche zu tun, wenn wir dadurch Bestätigung finden. Anders ausgedrückt: Wir machen oft immer genau das, womit wir am meisten Streicheleinheiten bekommen. Wenn uns jemand sagt, dass wir etwas ganz toll gemacht haben, dass wir auf einem bestimmten Gebiet wirklich begabt sind, dass wir klug oder witzig oder kreativ sind, fühlt sich das so ähnlich an wie Liebe.

Bestätigung ist gut, aber sie ist keine Liebe. Sie ist nur ein Ersatz.

Ein weiterer Ersatz sind die *Schmeicheleien*, die wir bekommen, wenn wir bekannt sind. Jeder will ein bisschen Ruhm abbekommen oder sich im Dunstkreis von berühmten Menschen bewegen oder sie ganz beiläufig im Gespräch erwähnen. Wenn Sie eine Berühmtheit sind, und sei es nur vorübergehend, dann sind Sie plötzlich wichtig. Irgendwie setzen wir diese beiden Dinge gleich. Schmeicheleien fühlen sich so ähnlich an wie Liebe, aber sie sind keine Liebe. Sie sind nur oberflächliche „Liebesbezeugungen" von Menschen, die sich in das Bild, das sie von jemandem haben, verliebt haben. Es ist keine echte Liebe.

Das gilt genauso für das vorübergehende Gefühl der *Intimität*, das wir bei (außerehelichem) Sex haben. Einsamkeit und Schmerz veranlassen unseren „Liebesempfänger" zur Suche nach einer Verbindung, und viele Menschen suchen diese Verbindung online, bei pornografischen Bildern oder Filmen oder in einer Affäre – ganz gleich, was es ist, Hauptsache, es stopft das Loch in unserem Inneren. Intimität täuscht auch wirklich sehr überzeugend Liebe vor, aber diese Täuschung ist nur vorübergehend und oberflächlich. Sie fühlt sich gut an, kann aber emotionale Verletzungen, Krankheiten und ungewollte Schwangerschaften hinterlassen – Folgen, die manchmal ein Leben lang vorhalten.

Auch die *Aufmerksamkeit*, die uns unser Besitz und unser Image verschaffen, kann wie Liebe aussehen. Milliarden Dollar schwere Wirtschaftszweige wie Kosmetik, Fitness und Mode werden von unserem Verlangen nach Aufmerksamkeit angekurbelt. Wenn wir Aufmerksamkeit für unser Erscheinungsbild bekommen, wirkt das wie Liebe. Es ist nicht falsch, gut auszusehen und sich gut zu fühlen, aber die Aufmerksamkeit, die man dafür bekommt, ist ein schwacher Ersatz für echte Liebe. Sie basiert auf Ihrem äußeren Erscheinungsbild, nicht darauf, wer Sie wirklich sind.

Genauso verhält es sich mit dem *Ansehen*, das man durch seine Stellung erreicht. Wir wollen „jemand" sein, und das schaffen wir, wenn wir in das große Büro mit dem tollen Ausblick einziehen oder in die Auswahlmannschaft kommen, wenn das richtige Kürzel vor unserem Namen steht oder wir Mitglied im richtigen Klub sind. Wenn wir so eine Position innehaben, haben wir das Gefühl, jemand zu sein, und wir meinen, geliebt zu werden, weil uns die Menschen wegen unserer Position achten. Ansehen kann nett sein, aber es ist keine Liebe.

Auch die *Sicherheit*, die wir dank unseres Wohlstands genießen, ist eine Täuschung. Wir stehen früh auf und gehen spät ins Bett, um genug zu verdienen und damit wiederum das Gefühl zu bekommen, ausgesorgt zu haben – unsere Sicherheit und unser Schutz gegen unerwartete Ausgaben, eine

Wirtschaftskrise oder die Arbeitslosigkeit. Sicherheit fühlt sich an wie Liebe, aber sie ist es nicht. Und der Versuch, für diese Sicherheit zu sorgen, macht das Leben immer komplizierter.

Bestätigung durch Erfolg ≠ Liebe
Schmeicheleien für Bekanntheit ≠ Liebe
Intimität durch außerehelichen Sex ≠ Liebe
Aufmerksamkeit durch Besitz oder Image ≠ Liebe
Ansehen durch Stellung ≠ Liebe
Sicherheit durch Wohlstand ≠ Liebe

Diese Formen von Liebesersatz gründen immer auf dem, was wir tun, oder auf dem Bild von uns selbst, das wir den anderen verkaufen, nicht auf der Person, die wir tatsächlich sind. Unser Verlangen danach, zutiefst und ganz persönlich geliebt zu werden, macht das Leben schnelllebig, anstrengend und kompliziert, weil wir nach Erfolg, Bekanntheit, Sex, Aussehen, Stellung, Macht und Wohlstand streben, in der verzweifelten Hoffnung, dass uns eines Tages irgendwie jemand lieben wird … und das so, wie wir wirklich sind!

Erkennen Sie die Ironie der Sache? Unsere kleine Antenne, die immer auf der Suche nach einer Verbindung zu echter Liebe ist, kann man täuschen, sodass sie glaubt, sie hätte diese Verbindung gefunden, obwohl sie nur einen Liebesersatz gefunden hat. Und dann werden wir für etwas „geliebt“, was wir gar nicht sind, statt das zu bekommen, wonach wir uns so sehr sehnen – als die geliebt zu werden, die wir wirklich sind.

Als Folge davon fangen wir an, uns über unser Image, unsere Aktivitäten und unseren Beruf zu definieren. Und dieses Ich machen wir von der „Liebe" abhängig, die man uns für diese Dinge entgegenbringt. Also machen wir mit unserer verzweifelten Suche nach Liebe unser Leben auch noch zusätzlich dadurch kompliziert, dass wir unsere Identität an falschen Dingen festmachen, die für viele Komplikationen verantwortlich sind. Wenn wir unseren schnelllebigen, uns überfordernden Lebensstil ablegen, haben wir das Gefühl, uns selbst zu verlieren. Deshalb ist es so schwer, daraus auszubrechen.

Aber was wir tun und wer wir sind – das sind zwei Paar Stiefel. Durch unsere Stellung, unseren Besitz oder unser Aussehen werden wir keine Liebe finden. Unser Leben wird unglaublich kompliziert, weil uns unser Streben nach Liebe nicht zu wahrer Liebe führt, sondern zu falscher Liebe in Form von Erfolg, Bekanntheit, Sex, Aussehen, Stellung, Macht und Wohlstand. Wir vergessen irgendwann ganz, dass es tatsächlich möglich ist, wahre Liebe zu finden, indem wir einfach nur wir selbst sind.

Unser Leben wird unglaublich kompliziert, weil uns unser Streben nach Liebe nicht zu wahrer Liebe führt, sondern zu falscher Liebe in Form von Erfolg, Bekanntheit, Sex, Aussehen, Stellung, Macht und Wohlstand.

Wenn die Welt also Liebe braucht, dann wirft das drei Fragen auf:

1. Wo finden wir sie?
2. Wie bekommen wir sie?
3. Wie geben wir sie weiter?

Wo findet man Liebe?

Der Apostel Johannes beschreibt ganz genau, wo wir Liebe finden:

Meine Freunde! Lasst uns einander lieben, denn die Liebe kommt von Gott. Wer liebt, ist ein Kind Gottes und kennt Gott. Wer aber nicht liebt, der weiß nichts von Gott; denn Gott ist Liebe. … Dass wir mit Gott verbunden bleiben und er mit uns, wissen wir, weil er uns seinen Geist gegeben hat.
1. Johannes 4,7–8.13

Diese Liebe, die bedingungslos ist und sich zuallererst auf uns als Person richtet und nicht auf das, was wir erreichen, finden wir bei Gott. Er ist die Quelle. Und das Einzige, was Sie jemals ganz erfüllen kann, ist Gottes Liebe.

Johannes schreibt weiter: Eines der Kennzeichen dafür, dass wir Gott kennen und von ihm geliebt werden, ist, dass wir uns ganz natürlich in liebevolle Beziehungen zu anderen investieren werden. Das sorgt nicht nur für erfüllende Beziehungen, sondern es macht uns auch zu den anziehendsten Menschen überhaupt. Warum? Weil die Menschen gerne mit solchen Personen zusammen sein möchten. Niemand ist gerne mit Menschen zusammen, die ganz von sich selbst eingenommen sind. Wenn Sie dafür bekannt sind, dass Sie ein liebevoller Mensch sind, fühlen sich andere zu Ihnen hingezogen.

Wir alle möchten gerne liebevolle Menschen sein, aber das ist nicht immer leicht. Die meisten von uns wissen, dass Gott uns liebt, zumindest vom Verstand her. Aber es ist ein Unterschied, ob wir *wissen*, dass Gott uns liebt, oder ob wir seine Liebe ganz tief in unserem Herzen *spüren*. Wenn Gott die Quelle der Liebe ist, dann müssen wir erst einmal die Bekanntschaft seiner Liebe gemacht haben, um selbst zu liebevollen Menschen zu werden. Aber wie kann das gehen? Was bedeutet es, von Gott geliebt zu werden?

Es reicht nicht, einfach nur zu lesen, was die Bibel über Gottes Liebe sagt. Wir müssen es auch glauben, darüber nachdenken, unser Leben davon erfüllen lassen und sie uns wirklich bewusst machen. Johannes schreibt, dass die Liebe ein Geschenk Gottes ist und jeder, der ein Mensch voller Liebe ist, durch Gott zuvor eine neue Schöpfung wurde. Gott ist ihm nah und vertraut. Im Umkehrschluss gilt dann auch: Wer nicht liebt, kennt Gott einfach noch nicht, denn Gott ist Liebe.

Wenn das Gottes wichtigste Eigenschaft ist, die seine Beziehung zu uns bestimmt, dann muss sie, immer wenn wir an ihn denken, unsere Gedanken völlig einnehmen. Jeder muss wissen, dass er oder sie das Objekt seiner Liebe ist. Wir müssen vor allem von seiner Liebe erfüllt sein – und das noch bevor wir uns darauf konzentrieren, das Richtige zu tun, heilig zu leben, unsere Berufung zu finden, zu beten, diszipliniert die Bibel zu lesen oder sonst etwas zu tun, das wir für notwendig halten, um Jesus nachzufolgen.

Die sehr bildhafte Beschreibung in Zefanja 3, Vers 17 hat mir geholfen, Gottes Liebe zu verstehen:

Der Herr, dein starker Gott, der Retter, ist bei dir. Begeistert freut er sich an dir. Vor Liebe ist er sprachlos ergriffen und jauchzt doch mit lauten Jubelrufen über dich.
Zefanja 3,17 (Neues Leben Bibel)

Zum Geliebtwerden gehört das Wissen, dass man nicht im Stich gelassen wird. Das bedeutet übrigens auch das „Immanuel“ in der Prophetie von Jesaja über Jesus. Er ist der „Gott mit uns“. Er ist bei uns in unseren schwersten Prüfungen und tiefsten Nöten.

Aber er ist nicht nur einfach da, er ist auch „dein starker Gott, der Retter“. Wir verstehen das Wort „Retter“ meistens im Zusammenhang mit Sündenvergebung – in Bezug auf unsere ewige Rettung. Das stimmt zwar, aber der biblische Begriff hat eine sehr viel breitere Bedeutung. Es geht darum, aus Notlagen gerettet zu werden. Wenn wir in der Klemme sitzen, wenn wir bis zum Hals in Problemen stecken, kann Gott kommen und rettend eingreifen. Er ist mächtig genug, um uns zu helfen.

Zum Geliebtwerden gehört das Wissen, dass man nicht im Stich gelassen wird.

Der Vers sagt außerdem noch aus, dass Gott von uns völlig begeistert ist. Viele Menschen verstehen Gottes Liebe als eine Art Pflicht. Er liebt uns eben, weil er muss, so ähnlich, wie Eltern auch das schwarze Schaf der Familie lieben, obwohl es ihnen Probleme bereitet. Aber Gott liebt uns nicht einfach nur, weil er muss. Er ist völlig begeistert von uns. Er kann uns richtig gut leiden! Er freut sich auch richtig darüber, dass er uns liebt. Es bereitet ihm große Freude.

Beachten Sie auch, dass er sich „an uns“ freut. Das heißt, die Freude hängt nicht von dem ab, was wir tun. Seine Liebe hat nichts mit Ihrer Stellung oder Ihren Errungenschaften zu tun. Zefanjas Prophetie richtet sich sogar an Menschen, die versagt haben. Es ist eine Prophetie der Wiederherstellung – die Menschen werden wiederhergestellt, werden geheilt, und zwar nicht, weil sie das Richtige getan haben, sondern weil Gott sie liebt. Nachdem Gott Milliarden von Galaxien erschaffen, sie mit unzähligen Sternen und Planeten gefüllt und seine Kunstfertigkeit im ganzen Universum bewiesen hatte, erschuf er den Menschen als Höhepunkt der Schöpfung. Sie und ich sind nach seinem Ebenbild erschaffen und wurden extra für eine Beziehung zu ihm gemacht. Er will Zeit mit Ihnen verbringen, will mit Ihnen reden und Sie segnen. Er freut sich über Sie und will das Beste in Ihnen hervorbringen.

Der Prophet sagt, dass Gott sein Volk wiederherstellen und es dann mit seiner Liebe beruhigen wird, so die englische Übersetzung „English Standard Version“: „The Lord your God is in your midst, a mighty one who will save; he will rejoice over you with gladness; he will quiet you by his love; he will exult over you with loud singing.“ Das sind gute Nachrichten für Gestresste! Ich begegne immer wieder Menschen, die mit ihrem komplizierten Leben überfordert sind und sich nur nach einem sehnen: Frieden. Wir wollen Frieden am Arbeitsplatz, Frieden in unserer Ehe, Frieden in all den Problemen und Fragen, die uns nachts nicht schlafen lassen. Wir möchten alle unsere Probleme und Fragen abladen und dieses Gefühl der Freiheit haben, das uns vermittelt: „Ganz gleich, was kommt, es wird gut gehen.“ Gott verspricht, uns mit seiner Liebe zu beruhigen und wieder etwas Ruhe in die Beziehung zu bringen, wenn unsere Sorgen immer größer werden. Er möchte uns sagen: „Ich weiß, dass du gerade eine schwere Zeit durchmachst. Ich weiß um deine Kämpfe. Ich weiß, dass du schon lange darauf wartest, dass endlich etwas passiert, aber du sollst wissen, dass ich alles in der Hand habe. Es wird alles gut. Ganz gleich, was passiert, ich liebe dich, ich bin bei dir, und ich beschütze dich.“ Diese Gewissheit schenkt uns Ruhe.

Vielen von uns helfen menschliche Beziehungen dabei, das auch anzunehmen. Wenn ich mich völlig überfordert fühle, schreibe ich alles auf, was mir Schwierigkeiten macht. Dann setze ich mich mit Theresa hin und sage: „Schatz, ich weiß, dass ich mir eigentlich keine Sorgen machen soll, aber ich bin total gestresst. Ich habe in meinem Tagebuch alles vor Gott gebracht, aber ich muss einfach über ein paar Dinge reden." Und ich weiß, dass sie mich morgen noch genauso lieben wird wie heute, ganz gleich, was passiert. Diese „Beruhigung", die wir in menschlichen Beziehungen erleben, wenn wir uns geborgen fühlen, will Gott uns auch schenken. Er hat unbegrenzte Möglichkeiten. Gott liebt uns Menschen über alles und er will unseren Herzen mit seiner Liebe Ruhe und Frieden schenken.

Und schließlich jauchzt Gott fröhlich über uns (Luther). Im Grunde meint dieses Bild, dass Gott uns wie ein hilfloses Baby im Arm hält. Ich habe gesehen, wie Theresa das getan hat, als unsere Kinder noch ganz klein waren und auch jetzt, mit unseren Enkelkindern. Ich kann sie im Nachbarzimmer hören, wie sie die Kleinen hält und ihnen ein Lied vorsingt. Wie ein stolzer Vater hält Gott jeden von uns im Arm und singt vor Freude ein Lied. Seine Liebe und seine Begeisterung über uns kommen darin zum Ausdruck, wie er uns hält. Er freut sich über uns und ist ganz stolz auf seine Kinder. Er liebt jeden von uns zutiefst. Und das schließt Sie mit ein – jetzt, in diesem Augenblick, und dort, wo Sie gerade sind!

Können Sie sich vorstellen, wie viele Probleme Sie beiseiteschieben könnten, wenn Sie Gottes Liebe wirklich tief in Ihrem Innern spüren würden?

Wie würde es Ihr Leben beeinflussen, wenn dieses Wissen wirklich in Ihr Herz dringen würde? Können Sie sich vorstellen, wie frei Sie sich fühlen würden und wie viele Probleme Sie beiseiteschieben könnten, wenn Sie Gottes Liebe wirklich tief in Ihrem Innern spüren würden? Ihre Suche nach Bestätigung, Aufmerksamkeit, Vertrautheit, Wertschätzung und jeder Form von Liebe würde eine ganz neue – und viel einfachere – Richtung einschlagen. Deshalb betete Paulus übrigens auch dafür, dass die Epheser fest in Gottes Liebe verwurzelt sein sollten. Denn nur so konnten sie das ganze Ausmaß seiner Liebe erfahren. Wir werden sie nie ganz *begreifen*, aber wir können sie *erfahren*. Und das Leben wird sehr viel einfacher, wenn das geschieht.

Wie kann man diese Liebe erfahren?

Gott legt seine Liebe durch seinen Geist in die Herzen seiner Nachfolger

Dass wir mit Gott verbunden bleiben und er mit uns, wissen wir, weil er uns seinen Geist gegeben hat. Wir haben es selbst erlebt, und darum bezeugen wir: Gott, der Vater, hat seinen Sohn in diese Welt gesandt, um sie zu retten. Wer bekennt, dass Jesus der Sohn Gottes ist, der bleibt in Gott und Gott in ihm. Das haben wir erkannt, und wir vertrauen fest auf Gottes Liebe.
1. Johannes 4,13–16

Wie können wir mit Gottes Liebe verbunden sein, damit unser Herz das bekommt, wofür es erschaffen wurde? Wir wissen, dass er uns liebt. Aber wie können wir das tatsächlich erleben?

Dieser Bibelabschnitt aus dem 1. Johannesbrief sagt, dass wir in ihm leben und er in uns, weil er uns seinen Geist gegeben hat. Das ist unsere Verbindung. Wenn jemand bekennt, dass Jesus der Sohn Gottes ist – das heißt, wenn jemand dieser Wahrheit zustimmt –, dann bleibt er mit Gott so verbunden wie Gott mit ihm.

Es gibt also eine Bedingung, um Gottes Liebe erfahren und empfangen zu können. Jesus, der ganz Gott und ganz Mensch war, starb am Kreuz für unsere Sünden. Er ist gewissermaßen unser Ersatz, denn eigentlich hätten wir die Strafe für unsere Schuld verdient. Wenn wir dem zustimmen und das bekennen, beginnt diese Verbindung zwischen uns. Es geht nicht um unsere guten Taten oder darum, wie fromm wir sind. Wenn wir unsere Sündhaftigkeit erkennen, uns von unserer Sünde abwenden und Gottes Vergebung durch Christus empfangen, der an unserer Stelle gestorben ist, zieht der Geist Gottes gewissermaßen in unseren sterblichen Leib ein. Dann wird er uns die Macht und Gegenwart des lebendigen Gottes demonstrieren.

Wenn wir mit dem Heiligen Geist erfüllt sind, fließt die Liebe aus uns heraus

So stellt unser „Empfänger" also die Verbindung her. Und durch diese Verbindung lässt Gott uns Vergebung und die Aufnahme in seine Familie zukommen. Er versiegelt uns mit seinem Geist, gibt uns bestimmte Geistesgaben und erfüllt uns mit der gleichen Macht, mit der er Jesus von den Toten auferweckt hat. Und wenn wir mit seinem Geist erfüllt sind und von ihm bestimmt werden, ist das Ergebnis Liebe. Das ist sein Leben in uns, das aus uns herausfließt. In Galater 5, Verse 22 und 23 beschreibt Paulus die Frucht des Geistes: Liebe, Freude, Frieden, Geduld,

Freundlichkeit, Güte, Treue, Sanftmut und Selbstbeherrschung. All das – seine Gegenwart, seine Kraft und das Objekt seiner Zuneigung sein zu dürfen – können wir haben.

Es kann uns aber auch entgehen. Zum Beispiel dadurch, dass wir diese Beziehung zu Jesus Christus gar nicht erst haben wollen, das heißt, ihn nicht in unser Leben einladen. Die ersten achtzehn Jahre meines Lebens war mir rein verstandesmäßig bekannt, dass Gott uns liebt. Aber ich hatte mein Leben in Sünde und Egoismus nie aufgegeben und Christus gebeten, mir zu vergeben und in mein Leben zu kommen. Als ich das erst einmal getan hatte, war ich geistlich gesehen wiedergeboren. An diesem Punkt erleben wir Vergebung, der Geist Gottes kommt in unser Leben, und wir sind gerecht vor Gott. Wir wurden gewissermaßen durch das, was Christus für uns getan hat, freigesprochen. Wir können Gottes Liebe nur persönlich erfahren, wenn wir Christus gebeten haben, uns zu vergeben und in unser Leben zu kommen.

Zweitens können wir Gottes Liebe auf eine Weise verpassen, wie manchmal auch die Internetverbindung meines iPads verschwindet. Ich arbeite damit und plötzlich kann ich keine Mails mehr verschicken oder empfangen. Ich bekomme keine Netzverbindung mehr. Ich habe das dazu benötigte Gerät, ich habe meine Telefonrechnung bezahlt, ich war schon im Internet, aber jetzt geht es nicht mehr. Warum? Es gibt Störungen und das Signal ist weg.

So ist es auch mit uns. Es kann passieren, dass der Heilige Geist in uns lebt und uns mit Gott verbindet, aber wenn es Störungen gibt – wenn wir Nein zu ihm sagen, wenn es Sünde in unserem Leben gibt oder wir die Verbindung zu ihm nicht pflegen –, dann verweigert er uns die Erfahrung seiner Liebe. Er verweigert uns nicht seine Liebe – daran wird sich nie etwas ändern. Aber wir verlieren das Bewusstsein seiner Liebe und können uns nicht mehr daran erfreuen. Aber wenn wir unsere Fehler bekennen, ist er treu und vergibt uns, er reinigt uns und stellt die Verbindung wieder her (siehe 1. Johannes 1,9).

Wie empfängt man diese Liebe?

Ich kann mich noch erinnern, dass ich vor Jahren einmal etwas über einen „Jungen in einer Blase" gelesen habe. Dieser Junge musste in einer absolut sterilen Umgebung leben, weil er kein Immunsystem besaß. Seine Eltern mussten ihm alles durch die Plastikhülle dieser Blase reichen. Sie liebten ihn und sehnten sich danach, ihn in den Arm zu nehmen, aber sie konnten ihn nie anfassen. Er erlebte nie eine körperliche Berührung.

Viele Christen leben ebenso. Es ist möglich, allem, worüber wir gesprochen haben – eine persönliche Beziehung zu Gott zu haben und mit seinem Geist erfüllt zu sein –, zuzustimmen und sich trotzdem einsam und niedergeschlagen zu fühlen. Wir wissen von Gottes Liebe und sein Geist lebt in uns. Wir haben ihm unser Leben anvertraut und stimmen dem zu, was wir gerade besprochen haben. Wir wissen, dass Gott sich danach sehnt, eine Beziehung zu uns zu haben, uns zu ermutigen und uns zu halten. Wir wissen, dass er sich um uns sorgt. Aber trotzdem haben wir diese „Hülle" um uns. Wir fühlen uns trotzdem einsam und entmutigt. Wir spüren seine Berührung nicht.

Sie lesen das hier vielleicht und denken: *Ja, ich brauche unbedingt diese Verbindung zu Gottes Liebe. Ich will es wirklich. Aber mein Leben ist so verrückt und ich spüre das einfach nicht.* Um diese Liebe zu erfahren, müssen Sie bloß innehalten und mit Gott reden. Das ist der Punkt, an dem sich für uns die Tür wirklich erst dann öffnet, wenn wir mehr lieben und weniger tun. Er will uns seine Gnade schenken und zu uns sprechen, aber bei manchen von uns ist es schon eine Weile her, dass wir uns das letzte Mal Zeit genommen haben, um auf ihn zu hören. Wenn Sie Ihr Leben einfacher gestalten wollen, dann hören Sie doch auf, nach dem Wind zu haschen, und werden Sie stattdessen still vor Gott. Er wird da sein. Auf die eine oder andere Art wird er die Verbindung zu Ihnen aufnehmen, denn wir wurden dazu erschaffen, von ihm geliebt zu werden.

Wenn Sie Ihr Leben einfacher gestalten wollen, dann hören Sie doch auf, nach dem Wind zu haschen, und werden Sie stattdessen still vor Gott. Er wird da sein.

Zu wissen, dass Gott uns liebt, und seine Liebe ganz konkret zu erfahren, sind zwei Paar Stiefel. Gehen wir die Sache jetzt also einmal praktisch an. In der Bibel wird uns zwar seine Liebe versichert und dass sein Geist in uns gegenwärtig ist, aber nur in den Herausforderungen des Alltags erfahren wir seine Liebe ganz praktisch. Gott hat mindestens *drei Wege* eröffnet, wie seine Liebe ganz praktisch in unser Leben gelangt.

1. Gottes Liebe zeigt sich in unserer geistlichen Familie

Eine Art und Weise, wie Gott uns hilft, seine Liebe zu erfahren, ist durch die körperliche Anwesenheit der Menschen in unserem Umfeld. Durch ihre Worte und Arme und Freundlichkeit erfahren wir seine Liebe. Wenn sein Geist uns erfüllt, stellt er uns in eine geistliche Familie. Wir sind gewissermaßen mit allen verwandt, die „aus dem Geist“ geboren sind. Im Idealfall begegnen sich Christen gegenseitig mit Gottes Liebe und werden so zur körperlichen Erscheinung dieser geistlichen Realität.

Wenn wir also in Not sind und andere Christen in die Bresche springen und uns helfen, dann erleben wir nicht einfach nur ihre Großzügigkeit, sondern wir erleben durch sie Gottes spürbare Berührung. Wenn wir leiden, und ein anderer Christ ermutigt und tröstet uns, dann kommen wir nicht einfach nur in den Genuss seines Mitgefühls, wir erleben durch ihn Gottes Mitgefühl. Gott hat uns aufgetragen, einander zu helfen, die Lasten der anderen zu tragen, uns gegenseitig ermutigende und freundliche Worte zuzusprechen und uns gegenseitig aufzubauen. Sie erleben vielleicht Beziehungen zu Christen, die dem nicht entsprechen, aber das ist zumindest das Ideal. Wenn Sie nach solchen Beziehungen Ausschau halten und sich selbst in andere Christen investieren, werden Sie Gottes Liebe durch sie erfahren und seine Liebe auch selbst weitergeben.

Davon schreibt Paulus in seinem 2. Brief an die Korinther. „In allen Schwierigkeiten tröstet er uns, damit wir andere trösten können. Wenn andere Menschen in Schwierigkeiten geraten, können wir ihnen den gleichen Trost spenden, wie Gott ihn uns geschenkt hat" (2. Korinther 1,4; Neues Leben). Hier wird das Bild vermittelt, dass Gottes Kinder seine Liebe nicht nur für ihre unmittelbaren Bedürfnisse empfangen, sondern auch, um sie später an andere weiterzugeben, wenn diese in Not sind. Deshalb sind zum Beispiel diejenigen, die schon eine Scheidung hinter sich haben, bestens dafür ausgerüstet, denen zu helfen, die jetzt eine Scheidung durchmachen, oder Menschen, die Phobien, Süchte oder Missbrauch überwunden haben, können Menschen, die gerade damit zu kämpfen haben, Gottes Wahrheit und Liebe am

> Jeder von uns wurde dazu erschaffen, ein Botschafter der Gnade zu sein, durch den Gott sich selbst zeigt.

besten zusprechen. Jeder von uns wurde dazu erschaffen, ein Botschafter der Gnade zu sein, durch den Gott sich selbst zeigt. In der Gemeinschaft mit unseren Glaubensgeschwistern lernen wir Gottes Liebe immer besser kennen.

2. Gottes Liebe nimmt in unseren Familien Gestalt an und wird dort gelebt

Gottes Liebe nimmt in unseren biologischen Familien Gestalt an und wird dort gelebt, noch bevor wir in unsere geistliche Familie aufgenommen werden. Im Idealfall lernen wir dort, dass wir geliebt werden. In Epheser 5, Vers 18 bis Kapitel 6, Vers 4 beschreibt der Apostel Paulus, wie man persönlich mit dem Heiligen Geist erfüllt wird und wie die natürlichen Familienbeziehungen aussehen, die sich daraus ergeben. Die Familie ist ein System, in dem Kinder aufwachsen und sich geliebt, bestätigt und umsorgt fühlen können – nicht wegen dem, was sie tun, sondern so, wie sie sind.

Wenn wir mit dem Heiligen Geist erfüllt sind (Epheser 5,18–20), ermutigen wir einander und singen sogar gemeinsam; wir danken Gott und ordnen uns einander unter, wie wir uns auch Christus unterordnen. Wenn Gottes Heiliger Geist das Sagen hat, versucht niemand, seinen eigenen Kopf durchzusetzen. Da wir sicher sein dürfen, dass Gott gut ist und uns liebt, können wir mit Freude und in Freiheit loslassen. Wir wissen, dass er der Meisterchoreograf aller Beziehungen ist, und vertrauen darauf, dass er uns unsere Rolle in dem Stück zeigen wird.

Anschließend beschreibt Paulus die Familienbeziehungen. Mann und Frau sind ein Bild für Jesus und seine Braut, die Gemeinde. Deshalb sollen sich die Frauen ihren Männern unterordnen, und die Männer sollen ihre Frauen so sehr lieben, dass sie sogar ihr Leben für sie geben würden. Kinder sollen ihren Eltern gehorchen und sie ehren, und Eltern sollen ihre Kinder mit Gott bekannt machen und sie nicht durch unmögliche Erwartungen entmutigen. Familien sollen ein Umfeld schaffen, das von Gottes Liebe durchdrungen ist.

Es geht darum, dass der Heilige Geist, der mit Gottes Liebe erfüllt ist, in das Herz eines Menschen kommt und das menschliche Herz sich dem Willen des Geistes unterordnen und von ihm beeinflusst werden soll. Das zeigt sich dann in Familien, wenn Eltern für ihre Kinder sorgen. Die Mutter zeigt beispielsweise den Kindern, dass den Mann zu lieben bedeutet, ihn zu respektieren, ihn (und sein manchmal zerbrechliches Ich) zu ermutigen, ihn zu bestätigen und ihm zu vertrauen. Manchmal sagt sie vielleicht auch ihre Meinung und fordert ihn heraus, aber sie zeigt ihm trotzdem, dass sie zu hundert Prozent hinter ihm steht.

Der Vater, der sich geliebt und bestärkt fühlt, zeigt seinen Kindern, wie ein Mann seine Frau liebt: stark, sensibel und opferbereit. Er tritt emotional, geistlich, finanziell und auf jede andere Art, die die Familie braucht, für sie ein. Er findet heraus, wie er seiner Frau seine Liebe zeigen kann, und tut es dann auch. Er wird zu einer lebendigen Verkörperung von Jesus.

Kinder, die zu ihren Eltern aufsehen können und diese Liebe erleben, wachsen in einer sicheren Umgebung auf. Sie sehen, dass ihre Eltern Fehler machen, dass sie sich aber vergeben, und sie verstehen, dass Liebe nicht von der eigenen Leistung abhängt. Sie sehen, wie man sich gegenseitig bestätigt – und zwar nicht für gutes Benehmen oder das richtige Image, sondern aus Treue zueinander. Sie wachsen mit einem gesunden Selbstbild auf, weil ihre Familie sie lehrt, dass sie als Mensch wertvoll sind.

Sie haben die Freiheit, sie selbst zu sein, sind angenommen und geliebt, ohne Leistung bringen oder manipulieren zu müssen, um die Liebe zu bekommen, die sie brauchen. Das ist ein Abbild von Gottes Liebe, und es bewahrt Kinder davor, als Erwachsene nach Ersatzformen für Liebe zu suchen.

Die aufrichtige Liebe einer Familie entspricht zwar Gottes Plan, aber leider machen nicht alle von uns diese Erfahrung. Viele Familien – ganz gleich, ob gläubig oder nicht – leben nicht nach diesem Plan. Mein Vater und auch der von Theresa waren beide Alkoholiker. Liebe Kerle, aber eben Alkoholiker. Ich habe von meinem Vater erst ein „Ich liebe dich" gehört, als er schon Ende fünfzig und seit ein paar Jahren Christ war. Ich glaube, ich habe als Kind auch nur zweimal gesehen, dass meine Eltern sich geküsst haben. Und so suchte auch ich an den falschen Stellen nach Liebe, so wie wahrscheinlich viele von Ihnen. Wenn sie die Beschreibung einer idealen Familie lesen, wünschen sich vermutlich die meisten von uns, sie wären in so einem Umfeld aufgewachsen. Aber wir wissen noch nicht einmal, wie wir jetzt für unsere eigenen Kinder eine solche Umgebung schaffen können.

Die gute Nachricht ist, dass Gott ein Gott der Gnade ist. Er gibt uns eine zweite Chance – und eine dritte, vierte und auch eine hundertfünfte. Und er weiß, wie er die Lücken unserer Unvollkommenheit füllen und die verlorene Zeit wiedergutmachen kann. Sobald wir wieder seinen Weg einschlagen, kommt er uns schon nach wenigen Schritten entgegen. Was auch immer wir in der Vergangenheit an Schmerz und zerrütteten Beziehungen erlebt haben, kann zu einer Gelegenheit werden, um seine Heilung und Liebe auf ganz neue Art zu erfahren.

3. Gottes Liebe können wir erfahren, wenn wir sie am nötigsten brauchen

Die dritte Art, wie Gottes Liebe sich in unserem Leben zeigt, hat weniger mit unseren Beziehungen zu tun als vielmehr mit dem richtigen Zeitpunkt. Auf die eine oder andere Weise erleben wir seine Liebe genau dann, wenn wir sie am dringendsten brauchen. In Römer 5, Verse 3 bis 5 erklärt Paulus, dass wir uns freuen dürfen, wenn wir leiden. Warum? Weil Prüfungen und Schwierigkeiten uns Geduld lehren, wodurch wir wiederum innerlich stark werden, was uns dann Hoffnung schenkt. Und diese Hoffnung wird niemals enttäuscht, weil der Heilige Geist die Liebe Gottes in unsere Herzen ausgießt.

Wenn wir schwierige, schmerzhafte Dinge durchleben – eine anstrengende Ehe, berufliche Enttäuschungen, eine lebensbedrohliche Erkrankung –, passiert etwas in unserem Inneren. Wir strecken uns auf eine Weise nach Gott aus, wie wir es noch nie zuvor getan haben. Auch wenn wir sonst nichts tun können, wächst durch das reine Festhalten an Gott etwas in uns, und das zieht uns näher zu Gott. Wenn wir Gott vertrauen, werden wir innerlich stark, und dann erkennen wir, dass er uns Hoffnung schenkt. Wir erkennen, dass er uns und die Umstände verändern kann. Wir bekommen neue Hoffnung, wenn der Geist Gottes durch das Wort Gottes und im Rahmen christlicher Gemeinschaft seine Liebe in unsere Herzen ausgießt. Ganz gleich, was wir durchgemacht haben – einen unvorstellbaren Verlust, Verrat, eine Tragödie oder eine zerbrochene Beziehung –, wir werden erkennen, dass es trotz allem Hoffnung gibt.

Solche Erfahrungen hatte auch Theresa gemacht, als ich sie kennenlernte. Sie hatte eine sehr schwierige Kindheit hinter sich, suchte an den falschen Orten nach Liebe, heiratete früh und wurde von ihrem Mann, der sie betrogen hatte, sitzen gelassen, als sie mit Zwillingen schwanger war. Aber sie wuchs daran. Sie betete, sang und schrie zu Gott, dass sie ohne ihn kein Geld, keine Zukunft und keine Hoffnung habe. Als ich sie zwei Jahre später kennenlernte, hatte sie sich völlig verändert. Sie war wie ein Diamant, der aus einem Stück Kohle entstanden ist. Man konnte ihre Liebe und ihr Verständnis von Gottes unglaublicher Vergebung regelrecht sehen und das zog mich an. Es war „Gott in ihr“, der mich zu ihr hinzog.

> Wenn wir Gott vertrauen, werden wir innerlich stark, und dann erkennen wir, dass er uns Hoffnung schenkt.

Ich selbst war in einer ganz anderen Richtung unterwegs gewesen, nämlich auf der Leistungsschiene. Meine Liebesantenne suchte nach Bestätigung, indem ich Einser schrieb, beim Basketball Körbe warf und hübsche Freundinnen hatte. Wenn mir all das gelang, bedeutete das, dass ich geliebt wurde. Natürlich war ich in Wahrheit innerlich leer. Nichts konnte das Loch in meinem Innern füllen. Aber auch das bot mir eine Gelegenheit, mich weiterzuentwickeln, und in meiner Leere fand ich zu Christus. Wenn wir in schweren Zeiten durchhalten und wachsen, erleben wir letzten Endes Gottes Liebe.

Unsere geistliche Familie, unsere biologische Familie und unsere eigenen schweren Zeiten sind drei praktische Wege, wie wir Gottes Liebe in unserem Leben sehen, spüren und annehmen können. Jetzt nicken Sie vielleicht zustimmend und denken: *Das will ich ja, aber ich weiß nicht, wie.* Ich will Ihnen einen Weg zeigen, wie Sie Gottes Liebe in Ihrem Leben erfahren können – keine Formel, sondern etwas ganz Praktisches.

Wie Sie Gottes Liebe erfahren

Wenn Sie wirklich Gottes Liebe erfahren wollen, gibt es dafür einen ganz einfachen Weg:

1. Vertrauen Sie Gott jeden Bereich Ihres Lebens an. Ob Sie Christ sind oder nicht, Sie haben immer die Wahl. Sie können immer entscheiden, ob Sie Ihr Leben nach Ihren eigenen Vorstellungen leben oder Gottes Plänen folgen wollen. Natürlich gibt es auch viele, die den Entschluss gefasst haben, Christus nachzufolgen, aber immer noch nach ihren eigenen Vorstellungen leben. Aber wenn Sie wirklich mit Gott verbunden sein wollen, müssen Sie eine ganz klare Entscheidung treffen: „Herr, von heute an werde ich auf deine Weise leben. Ich weiß, dass das schwer sein wird und dass ich Fehler machen werde, aber was auch immer dein Wort sagt, wie auch immer du mich führst, ich werde so leben, wie du es willst." Manchmal kommen wir nur dann an diesen Punkt, weil der Schmerz so groß ist, dass wir keine andere Möglichkeit mehr haben. Aber das ist in Ordnung. Wie wir an diesen

Punkt kommen, ist unwichtig. Wir müssen nur so weit sein. Sagen Sie Jesus von ganzem Herzen: „Ich gehöre jetzt ganz zu dir!"

2. Kehren Sie bestimmten Menschen und Dingen den Rücken. Wir alle finden uns manchmal in der Dunkelheit wieder. Für mich sah diese „Dunkelheit" so aus, dass ich mich in Kneipen herumtrieb und mich an den Wertmaßstäben unserer Gesellschaft orientierte. Bei Ihnen kann das etwas ganz anderes sein. Aber wenn Sie auf Gott zugehen, müssen Sie fast immer bestimmten Menschen und Dingen den Rücken kehren, die Sie in der Dunkelheit festhalten. Wenn Sie nach Gottes Willen leben wollen, müssen Sie bestimmte Dinge aufgeben. Und dabei ist es sehr hilfreich, wenn man sich mit Menschen umgibt, die das gleiche Ziel verfolgen und auch mit Gott unterwegs sind.

Niemand kann als Einzelgänger Christ sein.

3. Werden Sie Teil einer Gemeinschaft. Niemand kann als Einzelgänger Christ sein. Wenn Sie Gottes Liebe erleben wollen, müssen Sie zu einer Gruppe von Menschen gehören, die Worte der Wahrheit und Ermutigung in Ihr Leben hineinsprechen können. Deshalb bestehen wir in unserer Gemeinde so auf der Teilnahme an Kleingruppen. Veränderung vollzieht sich vor allem in der aufrichtigen Gemeinschaft mit anderen. Es ist eigentlich unmöglich, Gottes Liebe wirklich zu erfahren, ohne gleichzeitig auch tiefe, aufrichtige Beziehungen zu anderen zu haben, offen zu sein und sich verwundbar zu machen. Sie müssen sich von Menschen lieben lassen, die ebenfalls Gottes Geist in sich tragen. Das ist riskant, aber wie sieht die Alternative aus? Sie werden eben nicht aufrichtig geliebt, und das ist ein viel größeres

Risiko, als sich Menschen gegenüber verwundbar zu machen, die ebenfalls beschlossen haben, sich verwundbar zu machen.

4. Seien Sie offen und ehrlich. Wenn Sie erst einmal zu dieser Gemeinschaft dazugestoßen sind, wird irgendwann der Zeitpunkt kommen, an dem Sie einen Schritt auf andere zu machen müssen. Sie müssen aufhören, auf Nummer sicher zu gehen, und dürfen sich von anderen in Ihren Kämpfen helfen lassen. Das bedeutet, dass die anderen auch die Seiten von Ihnen zu sehen bekommen, die nicht so schön sind. Niemand macht sich gerne verwundbar, zumindest am Anfang nicht. Aber wenn Sie es erst einmal gewagt haben und feststellen, dass die anderen Sie trotzdem noch lieben, ist das sehr befreiend. Ich bin sehr stolz auf Menschen, die sagen: „Ich bin Alkoholiker, und ich brauche Menschen, die mir helfen", oder: „Meine Beziehungen gehen immer wieder kaputt und ich bin schuld daran." Solche Menschen sind bereit, die Vergangenheit hinter sich zu lassen und einen Schritt vorwärtszugehen. Sie sind authentisch, offen und ehrlich und bereit, Gottes Liebe durch andere zu erfahren.

5. Gehen Sie hinaus. Letzten Endes müssen Sie den Blick von sich selbst weg und auf andere richten. Es gibt Menschen, die mehr leiden als Sie. Jemand ist ärmer oder hat noch größere Eheprobleme oder ist noch stärker in seiner Sucht gefangen. Wenn Sie anfangen, sich gewissermaßen selbst zu verschenken, indem Sie Ihre Zeit, Kraft und Mittel für andere einsetzen, werden Sie Ihre „Investitionen" tausendfach zurückbekommen. Wollen Sie wirklich Gottes Liebe erfahren? Dann verschenken Sie sie an andere. Sie wird in noch größerem Maß in Ihr Herz und Ihr Leben zurückkehren.

Welchen dieser Schritte müssen Sie gehen? Jeder Mensch versucht, auf der Suche nach Liebe irgendeine „Leiter“ zu erklimmen – Perfektionismus, Leistung, Ruhm, Aussehen, frommes Engagement… was auch immer. Wenn diese „eine Sache“ gegeben sein muss, damit Sie sich geliebt wissen, dann ist es vielleicht Zeit, von dieser Leiter herunterzusteigen und sich Gott ganz *anzuvertrauen* – mit Haut und Haar.

Aber vielleicht haben Sie das auch schon getan, und es wird Zeit, etwas oder jemandem *den Rücken zu kehren* – aus der Dunkelheit ins Licht zu gehen, sich von den Botschaften und Botschaftern abzuwenden, die Sie in der Dunkelheit gefangen halten. Ins Licht zu treten kann beispielsweise bedeuten, eine Sucht zu bekämpfen. Es kann sich dabei um Alkohol oder Drogen handeln, aber auch um die Sucht nach Anerkennung, eine Traumwelt oder Essen. Es gibt unendlich viele Möglichkeiten.

Vielleicht besteht in Ihrem Fall der nächste Schritt darin, *Teil einer Gemeinschaft zu werden*. Vielleicht sollten Sie sich einer Gruppe von Menschen anschließen und Stück für Stück lernen, sich mitzuteilen und Ihr Leben für andere zu öffnen. Oder vielleicht ist es an der Zeit, *offen und ehrlich zu sein* – sich anderen noch weiter zu öffnen und ihnen Dinge von sich zu erzählen, auf die Sie nicht besonders stolz sind. Aber Sie wissen, dass Sie von den Stärken und Erfahrungen der anderen profitieren werden, die Sie trotz Ihrer Fehler annehmen.

Wenn Sie diesen Schritt schon gegangen sind, dann könnte der nächste Schritt darin bestehen *hinauszugehen*. Es wird Zeit, dass Sie anfangen, anderen zu helfen.

Ganz gleich, welchen Schritt Sie gehen müssen, es wird Glauben erfordern. Aber alles in Gottes Reich erfordert Glauben. Und die Sache – worum auch immer es dann geht – ist es auf jeden Fall wert. Ihre Beziehung zu Gott, der die Macht hat zu retten, der sich über Sie freut, der Sie mit seiner Liebe beruhigen will und der vor Freude über Sie singt, wird sich vertiefen. Auch wenn Sie Angst haben – was übrigens in der Bibel unter denen, die Gott begegnen und zu großen Dingen berufen werden, ein sehr weitverbreitetes Phänomen ist –, Sie können sich auf denjenigen verlassen, der Sie erschaffen hat, damit Sie Liebe erfahren.

Wie können wir Gottes Liebe weitergeben?

Jemand hat einmal den klugen Satz gesagt: Wenn man etwas behalten will, muss man es loslassen. Jesus hat übrigens das Gleiche gelehrt (nachzulesen in Lukas 6,38a). Also wollen wir jetzt lernen, die Liebe wegzugeben, die wir empfangen haben, denn gerade das Loslassen gehört dazu, wenn wir sie wirklich erfahren wollen. In 1. Korinther 13 gibt Paulus uns einen Einblick in die Liebe, die aus Gottes Herzen fließt und – wenn wir im Einklang mit seinem Heiligen Geist sind – auch aus unserem. Aber wie heißt es doch so schön: Ein Bild sagt mehr als tausend Worte. Paulus' Beschreibung besteht aus Worten; in den Evangelien finden wir Bilder.

Wenn wir wissen wollen, was es bedeutet, so zu lieben, wie Gott liebt, müssen wir nur auf Jesus schauen.

Jesus ist das genaue Ebenbild Gottes (Hebräer 1,3). Das heißt, wenn Gott Liebe ist, dann ist Jesus das exakte Ebenbild der Liebe. Wenn wir also wissen wollen, was es bedeutet, so zu lieben, wie Gott liebt, müssen wir nur auf Jesus schauen. Beobachtung ist die beste Art zu lernen. Unser Charakter wird sehr viel stärker und effektiver durch Nachahmung geprägt als durch die bloße Theorie. Wir können Jesus natürlich nicht persönlich beobachten – leibhaftig, wie seine Jünger ihn beobachten konnten. Aber wir können uns ein ziemlich gutes Bild von 1. Korinther 13 machen, wenn wir beobachten, wie Jesus in den Berichten der Evangelien Liebe verkörpert hat. Er zeigt uns, wie Liebe in Aktion aussieht. Und es sollte uns nicht überraschen, dass es eigentlich ziemlich einfach ist.

Wie hat Jesus also die Menschen um sich herum geliebt – Familie, Freunde und Feinde? Ich habe hier einmal acht verschiedene Wege aufgeführt:

1. Er hat mit ihnen gesprochen.
2. Er war mit ihnen unterwegs.
3. Er aß mit ihnen.
4. Er betete mit ihnen.
5. Er hatte Spaß mit ihnen.
6. Er litt mit ihnen.
7. Er lehrte sie.
8. Er vergab ihnen.

Jesus sprach mit Familienmitgliedern, Freunden und Feinden, er war mit ihnen unterwegs, aß mit ihnen, betete mit ihnen, lachte mit ihnen, weinte mit ihnen, litt mit ihnen und freute sich mit ihnen. Und das tat er nicht nur mit Familienmitgliedern und Freunden, sondern auch mit seinen Feinden. Er war nie zu beschäftigt, um sich mit den Menschen in seiner unmittelbaren Nähe zu beschäftigen. Es machte Spaß, mit ihm zusammen zu sein, und es war faszinierend, ihn zu beobachten. Er war echt. Die Leute wussten nie, was er als Nächstes tun würde, aber sie waren trotzdem gern mit ihm zusammen.

Wenn wir liebevoll zu unserer Familie, unseren Freunden und sogar unseren Feinden sein wollen, wäre Jesus ein gutes Vorbild, dem wir folgen sollten. Vielleicht sollten wir versuchen, mit ihnen zu sprechen, mit ihnen unterwegs zu sein, zu essen, zu beten, zu lachen, zu weinen, zu leiden und uns mit ihnen zu freuen. Haben Sie Spaß, begegnen Sie anderen mit Liebe, und seien Sie die Art von Mensch, mit der man gerne zusammen ist. Lassen Sie einige der Dinge sein, mit denen Sie so viel Zeit zubringen, und nehmen Sie Anteil am Leben der Menschen in Ihrem Umfeld, genau wie Jesus das getan hat. Und Sie werden merken: Wenn Sie das tun, werden der Druck und die Anforderungen geringer werden. Wenn Sie mehr lieben, werden Sie weniger tun, weil Sie sich nicht länger abstrampeln müssen. Und Sie werden nicht mehr nach Liebe suchen und doch nur billigen Ersatz dafür bekommen. Die Liebe – die wahre Liebe – wird zu Ihnen kommen.

Nachgedacht

- An welchen Punkten ist Ihr Leben zu geschäftig, weil Sie sich mit einem „Liebesersatz“ zufriedengegeben haben?

- Auf einer Skala von 1 bis 10 (1 = überhaupt nicht; 10 = über alle Maßen): Wie sehr fühlen Sie sich von Gott geliebt? Und einmal abgesehen von Ihren Gefühlen: Wie sehr werden Sie nach Aussage der Bibel tatsächlich von ihm geliebt?

- Welchen Schritt sollten Sie als Nächstes gehen, um Gottes unendliche Liebe zu erfahren?

- Gibt es Personen in Ihrer Familie oder Ihrem Freundeskreis, die ganz dringend davon hören mussen, dass Gott sie liebt? Wie können Sie diese Woche ganz konkret ein Kanal für Gottes Liebe zu dieser Person sein?

KAPITEL 8
„Love Train (Get On Board!)"

In den 1970ern brachten die „O'Jays" einen Hitsong namens „Love Train" heraus. Sie ermutigten darin die Menschen „auf der ganzen Welt", sich an den Händen zu fassen, einen Zug der Liebe zu bilden und ihn weiterfahren zu lassen. Ich bin mir nicht ganz sicher, was sie damit meinten, aber das Lied ist im Grunde ein Aufruf an Brüder und Schwestern auf der ganzen Welt, auf den Zug aufzuspringen. „Du brauchst keine Fahrkarte" für diesen Zug und „es gibt dort keinen Krieg". Fassen wir uns einfach an den Händen und machen aus dieser Welt einen besseren Ort.

In jener turbulenten Zeit des Kalten Krieges, der Atomwaffen und Rassenunruhen traf dieses Lied die Herzen der Menschen. Und selbst heute noch bringt mich dieses Lied zum Lächeln, wenn ich es höre, und ich wippe mit den Füßen im Takt und singe mit. Vermutlich habe ich es erst vor Kurzem gehört. Es wird als Werbesong einer bekannten Biersorte verwendet, und jedes Jahr können wir dieses Lied hören, sobald die heißen Sommertage kommen und nach einem kühlen Bier verlangen.

Ich habe dieses Lied für den Abschluss unserer gemeinsamen Reise gewählt, weil mir die Vorstellung von einem Zug der Liebe gefällt. Züge fahren auf Gleisen und haben ein Ziel. Die Menschen steigen ein, weil sie ein Ziel vor Augen haben, und sie kommen gemeinsam dort an. In diesem Kapitel wollen wir uns mit der Frage beschäftigen, wie man nicht nur ein einfacheres Leben führen, sondern auch wirklich am Ball bleiben kann. Ich möchte Gottes „Love Train" unter die Lupe nehmen – eine Gemeinschaft von Menschen, die sich durch die gesamte Geschichte bewegt, um den Menschen Leben und Liebe zu bringen. Gott möchte den Himmel auf die Erde bringen, damit die Menschen sein Reich erleben können und wissen, dass es wirklich einen Gott gibt, der sie liebt und sich um sie sorgt. Und er möchte, dass alle, die schon im Zug sitzen, durch ihr Leben und das, was sie tun, immer mehr Menschen einladen, ebenfalls einzusteigen. Dieser Zug der Liebe ist der lebendige, atmende Leib Christi.

Die *Gleise* dieses Zuges sind Gottes unumschränkte, unveränderbare, treue Absichten. Er wird seine Pläne für diese Welt irgendwann verwirklichen. Er wird sich verherrlichen, alle Dinge unter die Herrschaft von Jesus bringen und ein Volk um sich versammeln, das ihn in einem neuen Himmel und auf einer neuen Erde für immer liebt und von ihm geliebt wird.

Die *Fahrkarte* für diesen Zug ist schon bezahlt. Jesus hat sie am Kreuz fur jeden gelöst, der bereit ist, sich von seiner Sünde abzuwenden und sein Vertrauen auf ihn zu setzen. Wenn wir sein Angebot annehmen, bekommen wir gewissermaßen ein neues Leben geschenkt, das ewig dauert, aber wir kommen jetzt schon in den Genuss seiner besonderen Qualitäten.

Gott ist der *Erbauer* des Zuges. Er arbeitete schon vor der Erschaffung der Welt daran.

Der *Lokführer* ist Jesus, der Erste, der von den Toten auferstanden ist. Er ist auch der *Schaffner*, der im Zug auf und ab geht, nach uns schaut und uns alle Haltestellen zeigt. Und wo hält der Zug? Wo immer es menschliche Nöte gibt. Wenn jemand einsam ist, hält der Zug. Wenn jemand mutlos oder niedergeschlagen ist, wenn jemand finanziell oder körperlich in Not ist, wenn jemand eine Beziehungskrise durchmacht, dann hält der Zug dort. Und der Heilige Geist, der in uns lebt, wird die Wahrheit aus Gottes Wort durch unsere Lippen sprechen und Gottes Liebe durch unsere Worte und Taten zum Ausdruck bringen.

Wenn Sie in diesen Zug der Liebe einsteigen, wird Ihr Leben einfacher werden. Sie werden aufhören, viel zu *tun*, und werden anfangen, jemand zu *sein*. Sie brauchen nicht länger nach der Anerkennung anderer zu streben oder immer mehr Dinge anzuhäufen und sich einen Status zu erarbeiten, was am Ende Ihres Lebens alles bedeutungslos sein wird. Ihr Leben wird nicht mehr nur auf vergängliche, belanglose Dinge ausgerichtet sein. Es wird Bedeutung und Sinn für die Ewigkeit haben.

Wenn Sie in diesen Zug der Liebe einsteigen, wird Ihr Leben einfacher werden.

Wie sieht das Leben in diesem Zug der Liebe aus?

Die Liebe, die Christus uns erwiesen hat, drängt uns geradezu, euch noch einmal etwas Wichtiges ins Gedächtnis zu rufen: Wenn Jesus für alle gestorben ist, dann haben wir alle auch Anteil an seinem Tod. Denn er ist für alle gestorben, damit die Lebenden nicht länger ein Leben führen, das nur um die eigenen Belange kreist, sondern das ihm gehört, der für sie in den Tod gegangen ist. Diesen Gedanken dürfen wir nie vergessen, wenn wir mit Menschen zu tun haben, für die Jesus gestorben ist. So wie wir jetzt in Jesus auch nicht mehr den Menschen sehen, der unter uns gelebt hat, sondern den zur Rechten Gottes erhöhten Herrn, so dürfen wir

im Umgang mit Menschen nie mehr außer Acht lassen, wie unglaublich wertvoll sie sind, weil Jesus für sie gestorben ist. Wenn jemand zu Christus gehört (also ihn als seinen Herrn und Erlöser angenommen hat), dann ist er eine neue Schöpfung. Das Alte ist vergangen, es ist wirklich etwas ganz Neues entstanden. Ein solcher Mensch ist mit Gott versöhnt, weil Gott durch Christus alles mit sich versöhnt hat. Auch uns hat er keinen anderen Auftrag gegeben als den, die Botschaft seiner Versöhnung mit den Menschen zu verbreiten. Gott hat durch Christus die Welt mit sich versöhnt und rechnet uns unsere Schuld nicht länger an. Im Gegenteil: Über alles hat er das Wort „Versöhnung" geschrieben. Gott hat uns in die ganze Welt gesandt, damit wir an seiner Stelle die Menschen buchstäblich anflehen: „Lasst euch mit Gott versöhnen!" Gott hat Christus, der selbst vollkommen frei von Sünde war, mit all unserer Schuld beladen, damit wir wieder von Gott angenommen werden.
2. Korinther 5,14–21 (Willkommen daheim)

In seinem 2. Brief an die Korinther berichtet Paulus von all den Prüfungen und Schmerzen, die er durchgemacht hat. Er hat keinen leichten Weg hinter sich. Manchmal war er ratlos, entmutigt und stand unter großem Druck. Er wurde geschlagen, verspottet, ins Gefängnis geworfen und erlitt Schiffbruch, aber er macht trotzdem immer weiter. Er erfährt den Tod Jesu am eigenen Leib, sagt er, damit andere das Leben Jesu erfahren. Trotz alledem hat er immer noch Hoffnung und ist dankbar, weil er immer die unsichtbare Welt im Blick hat, nicht die sichtbare. Inmitten all dieser Widrigkeiten hat er begriffen, dass das Leben nur dann eine Bedeutung hat, wenn man es mit Blick auf die Ewigkeit lebt.

Das Leben im Zug der Liebe ist also nicht immer leicht, aber es gibt einige Hilfsmittel, die uns dabei unterstützen, daran festzuhalten. Ein einfacheres Leben zu führen bedeutet nicht, dass es leichter wird; es heißt, dass es nicht mehr so kompliziert ist, dass es zielgerichteter ist und mehr Bedeutung hat. Weniger zu tun und mehr zu lieben mag anfangs schwer erscheinen, aber es ist alles andere als kompliziert. In diesen acht kurzen Versen aus 2. Korinther 5 zeigt Paulus sechs Grundwahrheiten auf, mit denen wir ein einfaches Leben führen können. Er beschreibt eigentlich, wie man den „Zug“ am Laufen hält.

Paulus zeigt sechs Grundwahrheiten auf, mit denen wir ein einfaches Leben führen können.

1. Die Liebe Christi drängt uns zum Handeln (Vers 14). Beim Leben im Zug der Liebe geht es nicht darum, sich möglichst viel Mühe zu geben. Es geht nicht um religiöse Aktivitäten oder den Versuch, ein moralisch einwandfreies Leben zu führen. Es geht darum, in enger Verbindung mit dem Geist Gottes zu stehen und sich ihm hinzugeben – sich in Gottes Wort zu vertiefen und in der Gemeinschaft mit ihm zu leben. Weil wir glauben, dass Jesus für alle gestorben ist – und dass deshalb auch alle, die zu ihm gehören, gewissermaßen mit ihm gestorben sind –, leben wir unser neues Leben ganz für ihn, nicht für uns. Unsere Liebe zu ihm und seine Liebe zu uns und anderen dringt in uns ein, und sie bewegt uns dazu, selbstlos für andere zu leben. Wir werden von seiner Liebe motiviert und geleitet.

Das Wort, das Paulus hier für „drängen“ benutzt, beschreibt das Eingeschlossensein. Erinnern Sie sich an Episode 4 der „Star Wars“-Saga? Dort sind Luke, Prinzessin Leia und Han Solo in der Abfallpresse des Todessterns gefangen und die Wände schieben sich immer enger zusammen. Es scheint, als gäbe es keinen Ausweg mehr. Diese Art des „Eingeschlossenseins" meint Paulus, wenn er beschreibt, wie die Liebe Christi ihn einschließt und zum Handeln drängt – wenn auch in einem sehr viel positiveren und Leben spendenden Sinn. Es ist gut, dass es hier keinen Ausweg gibt. Paulus ist sich der Liebe Gottes so sehr bewusst, dass sie ihn regelrecht zwingt, sie an die Menschen in seinem Umfeld weiterzugeben. Er sieht die Not der Menschen, die die Liebe Jesu nicht kennen, und die Liebe in ihm drängt ihn dazu, auf ihre Not einzugehen.

2. Die Ausrichtung unseres Lebens verändert sich (Vers 15). Die Liebe Christi verändert unseren Blickwinkel. Weil wir glauben, dass Jesus für uns gestorben ist, leben wir nicht länger für uns selbst. Darum geht es bei Hingabe. Jesus ist für uns nicht nur Teil unseres Lebens. Er ist der Mittelpunkt, der Grund, weshalb wir morgens aufstehen, die Motivation dafür, wie wir unsere Zeit, unser Geld und unsere Kraft einsetzen, und die Grundlage all unserer Beziehungen. Wir leben nicht mehr für uns selbst – wir leben für ihn.

Dann fragen wir nicht länger: „Was macht mich glücklich?" oder: „Was kann ich mit meiner Zeit anfangen?" Wir fragen: „Wie kann ich seine Ziele für diese Welt voranbringen?" oder: „Was mache ich mit der Zeit, die er mir geschenkt hat?" Wie wir unsere Kinder erziehen, wofür wir unser Geld ausgeben, wie wir uns selbst für andere einsetzen – bei all diesen Dingen geht es jetzt um ihn. Für die meisten von uns ist das eine radikale Veränderung. Aber genau das bedeutet es, wenn man sein Leben einfacher machen und im Zug der Liebe mitfahren will. Unsere ganze Ausrichtung verändert sich. Und dadurch erfahren wir eine ganz neue Kraft und neuen Frieden.

3. Wir legen neue Maßstäbe an (Vers 16). Wenn wir für Jesus leben statt für uns selbst, bekommen wir neue Maßstäbe. Wir beurteilen die Menschen nicht länger nach weltlichen Gesichtspunkten. Ihre Hautfarbe, wo sie herkommen, wie cool sie sind, ihre Körperhygiene, ihre Macken – nichts davon macht wirklich ihre Identität aus. Genau darum ging es auch in einer Episode im Leben des Propheten Samuel. Gott hatte ihm gesagt, dass er einen neuen König salben sollte, der eines Tages an Sauls Stelle treten würde. Isais Söhne sahen auch ganz so aus, als hätten sie das Zeug zum König – es waren große, starke, gutaussehende junge Männer, die ganz offensichtlich Führungspotenzial hatten. Einer nach dem anderen wurde vor Samuel gebracht, aber Gott sagte zu allen Nein. Stattdessen sagte er zu Samuel: „Lass dich von seinem Aussehen und von seiner Größe nicht beeindrucken. Er ist es nicht. Denn ich urteile nach anderen Maßstäben als die Menschen. Für die Menschen ist wichtig, was sie mit den Augen wahrnehmen können; ich dagegen schaue jedem Menschen ins Herz" (1. Samuel 16,7). Schließlich führte Gott Samuel zum Jüngsten in der Familie – dem Hirtenjungen David.

Wenn wir mit dem Zug der Liebe unterwegs sind, schauen wir nicht mehr auf die äußere Erscheinung eines Menschen und messen nicht mehr mit weltlichen Maßstäben. Wir schauen darauf, wo jemand wirklich herkommt. Wir beurteilen andere nicht nach ihrer Vergangenheit, noch nicht einmal nach ihrer Gegenwart, sondern nach dem, was sie sein können, wenn sie mit Jesus unterwegs sind. Wir schauen hinter ihre Kämpfe und Lasten und ihre Herkunft und erkennen ihre innere Schönheit.

Wir haben neue Augen für andere und schätzen ihren Wert ganz anders ein.

4. Wir bekommen neue Hoffnung (Vers 17). Wenn jemand zu Christus gehört, ist er ein neuer Mensch. Das Alte ist vergangen, es ist wirklich etwas ganz Neues entstanden. Wir zitieren diesen Vers oft in Bezug auf unser neues Leben als Christen, wenn wir uns von unserer Sünde abgewendet und Jesus als Retter angenommen haben. Wir werden eine neue Schöpfung, ein neuer Mensch. Aber in diesem Zusammenhang bedeutet es eigentlich, dass wir die Menschen nicht mehr rein äußerlich betrachten. Unsere neuen Augen sagen uns, dass es keinen Menschen und keine Situation gibt, die Jesus mit seiner Liebe und seiner Erlösung nicht erreichen kann.

Wir beurteilen andere nicht nach ihrer Vergangenheit, noch nicht einmal nach ihrer Gegenwart, sondern nach dem, was sie sein können, wenn sie mit Jesus unterwegs sind.

Wenn Sie mit dem Zug der Liebe fahren und die Liebe Gottes durch Ihre Adern pulsiert, dann sehen Sie nicht mehr die gleichen Menschen wie vorher. Sie sehen in jedem den potenziellen neuen Menschen. All die Dinge, von denen wir dachten, Gott könne sie niemals vergeben – die Sucht, von der wir dachten, sie sei zu stark, um sie zu bekämpfen, die Menschen, die uns dazu gebracht haben zu sagen: „Der ändert sich sowieso nie" –, sie gehören der Vergangenheit an. Gott kann alles. Und er *will* unglaubliche Dinge tun. Er ist der Gott des Unmöglichen. Nichts ist zu schwer für ihn. Veränderung ist das, worum es bei Gottes Guter Nachricht wirklich geht. Und wir sind dabei!

5. Wir bekommen einen neuen Auftrag (Verse 18–19). Wir sollen uns während unserer Reise im Zug der Liebe nicht bequem zurücklehnen und die Landschaft genießen, und die Fahrkarte führt uns auch nicht schnurstracks in den Himmel. Sie gibt uns Zutritt zu einem Abenteuer, bei dem man sich gut festhalten muss; hier ist Kämpfen und Durchhalten gefragt. Erinnern Sie sich an den Zusammenhang, in dem Paulus das schreibt? Er hat eine Menge durchgemacht. Es tobt auch ein geistlicher Kampf, und Gott hat sein Volk dazu ausgerüstet, in die Schlacht zu ziehen und Menschen zu retten.

Wir haben also eine neue Aufgabe, die Paulus den „Dienst der Versöhnung" nennt. „Versöhnung" bedeutet einfach, mit jemandem Freundschaft zu schließen. Wir sind durch Jesus mit Gott versöhnt und nun gibt er uns den gleichen Auftrag für unsere Beziehung zu anderen Menschen. Er hat die Welt mit sich versöhnt und rechnet den Menschen ihre Schuld nicht länger an. Unsere Botschaft lautet nicht: „Bring dein Leben in Ordnung, und fang an, in die Kirche zu gehen und die Bibel zu lesen." Unsere Botschaft lautet: „Gott hat deine Sünden auf Christus geladen. Deine Fahrkarte für den Zug der Liebe ist schon bezahlt. Gott liebt dich und möchte, dass du in seinen Zug einsteigst."

Die meisten Menschen werden Ihnen, wenn sie ehrlich sind, erzählen, dass sie sich nicht gerade erfolgreich darum bemühen, ihr Leben zu meistern. Die meisten Ehen sind nicht so erfüllend, wie sie sein sollten. Die Kindererziehung läuft meistens nicht so, wie sie es sollte. Die finanzielle Situation der meisten Menschen ist nicht gerade sicher und die meisten Menschen sind vom Verlauf ihrer beruflichen Karriere nicht begeistert. Und wenn Sie jemanden finden, bei dem das Leben äußerlich betrachtet wirklich glattläuft, dann werden Sie überrascht sein, wie oft diese Menschen sich trotz ihres Erfolgs innerlich leer fühlen.

Gott hat uns dazu berufen, den Menschen dort zu begegnen, wo sie gerade stehen, und sie für ihn zu gewinnen. Wir sollen liebevoll zu ihnen sein und auf ihre Nöte eingehen. Unser Versöhnungsdienst besteht darin, den Menschen zu sagen, dass Gott sie liebt und dass er sie zu einer Beziehung mit ihm einlädt. Aufgrund dessen, was Christus am Kreuz getan hat, hält er ihnen ihre Schuld nicht länger vor, und sie können Vergebung empfangen! Das ist gemeint, wenn im Neuen Testament von der Guten Nachricht die Rede ist.

6. Wir bekommen eine neue Rolle (Verse 20–21). Wir sind die Botschafter Christi, die in diese Welt gesandt wurden, um in seinem Namen an sie zu appellieren. Gottes Botschaft lautet: „Ich will mit den Menschen Freundschaft schließen. Die Sünde ist im Weg. Ich habe sie aus dem Weg geräumt, damit wir Freunde sein können." Es ist wie bei einem Ehepaar, das sich getrennt hat oder geschieden ist und dann beschließt, sich zu versöhnen. Gott will alle mit sich versöhnen, und wir gehen hinaus und vertreten dieses Anliegen – wie Botschafter, die in einem fremden Land ihre Heimat vertreten. Wir sind Staatsbürger des Himmels, wohin wir auch gehen werden, wenn wir im Zug der Liebe sitzen. Gott will, dass wir jede Not angehen, dass wir Menschen lieben, ohne sie zu verurteilen, ganz gleich, wo sie stehen, und ihnen einfach die Wahrheit sagen. Aber er beauftragt uns nicht nur, das mit Worten zu tun. Er beauftragt uns, den Menschen den Arm um die Schulter zu legen, ihnen zu helfen und ihnen zu zeigen, dass das die Antwort eines liebenden Gottes ist.

Paulus malt hier ein sehr anschauliches Bild. In Vers 21 heißt es, dass Gott Christus, der selbst vollkommen frei von Sünde war, mit all unserer Schuld beladen hat, damit wir wieder von Gott angenommen werden. Oder anders ausgedrückt: Er hat sein Leben gegen unseres getauscht. Er hat unser altes Leben mit ins Grab genommen und hat uns sein Leben als unser neues Leben gegeben. Als Botschafter stehen wir also vor Gott genauso da wie Jesus. In seinen Augen sind wir absolut gerecht – und seine eigenen Söhne und Töchter.

> Gott will, dass wir jede Not angehen.

Das ist erstaunlich! Unglaublich! Umwerfend! Wenn das für Sie neu ist, dann gehen Sie jetzt nicht einfach darüber hinweg. Und wenn es eine altbekannte Tatsache für Sie ist, dann lesen Sie nicht einfach darüber hinweg. Lassen Sie es auf sich wirken. Saugen Sie es in sich auf. Wir sind Söhne und Töchter, zutiefst und für immer geliebt und ausgesandt und befähigt, diese Gute Nachricht überall mit allen Menschen zu teilen.

Deshalb hat die Liebe Christi Paulus auch zum Handeln gedrängt. Er war schon vorher ein sehr religiöser Mensch, doch dann lernte er Jesus kennen und stellte fest, wie kaputt er eigentlich war. Er begegnete Jesus auf der Straße nach Damaskus persönlich und wurde ein leidenschaftlicher Nachfolger dieses lebendigen Christus, der unbegrenzte Macht hat. Und die gleiche Macht, die Jesus von den Toten auferweckt hat, ist auch in Paulus am Werk – und sie ist auch in uns am Werk, wenn wir ihm nachfolgen.

So können wir also ein einfaches Leben aufrechterhalten – mit sechs grundlegenden Wahrheiten, die unser Leben und unsere

Reise im Zug der Liebe zusammenfassen: Wir sind mit einem lebendigen Retter verbunden. Wir leben nicht unter einer Last unzähliger „man sollte" und „man müsste", weil wir von seiner Liebe angetrieben werden. Wir leben nicht mehr für uns selbst. Wir haben eine neue Ausrichtung und leben für ihn. Wir beurteilen andere nicht länger so wie früher, weil wir neue Maßstäbe haben. Und wir verlieren in keiner Situation die Hoffnung, weil Gott uns für alle Menschen, die wir treffen, genug Hoffnung schenkt. Niemand ist außerhalb der Reichweite seiner Macht oder Liebe, ganz gleich, wo jemand steht oder was er getan hat. Wir haben einen neuen Auftrag, der weit darüber hinausgeht, dafür zu sorgen, dass die Kinder gute Noten schreiben oder dass wir die Karriereleiter hinaufsteigen. Es mag viele wichtige Verantwortungsbereiche in unserem Leben geben, aber die wichtigste Aufgabe ist es, ein Botschafter, ein Beauftragter des allmächtigen, allwissenden, unendlich liebevollen, lebendigen Gottes zu sein. Zuerst in unseren Familien und dann überall in unserem Umfeld.

Es gibt viele Wege, wie wir das tun können. Gott hat uns alle möglichen Gaben, Träume und Wünsche geschenkt und jeder von uns füllt erfahrungsgemäß mehrere Aufgaben aus: Wir sind Mutter, Vater, Ehemann, Ehefrau, Bruder, Schwester, Neffe, Nichte, Buchhalter, Entwickler, Grafiker, Maurer, Hausfrau … und so weiter. Aber wichtiger noch als alle diese Wünsche und Aufgaben sind unser Platz im Zug der Liebe und unsere Berufung, Menschen mit Gott zu versöhnen.

Wie sieht das Leben im Zug der Liebe wirklich aus?

Jetzt kennen wir das Bild des „Zuges der Liebe“ und die dahinterstehende Theologie. Aber wie sieht die Strategie aus? Wie funktioniert es wirklich?

Stellen Sie sich einmal vor, Jesus würde jetzt vor Ihnen stehen. Und stellen Sie sich auch vor, Sie könnten bei ihm einmal so richtig Dampf ablassen. Sie lassen einfach allen Stress, allen Druck, alle Sorgen, alle Ängste, alle Hoffnungen, alle Träume, alle Ziele, die Sie umtreiben, mal raus. Sie erzählen ihm haarklein, wie verrückt das Leben ist – all das Chaos in der großen Welt und in Ihrem eigenen kleinen Leben. Und dann stellen Sie ihm eine Frage: „Herr, was willst du, dass ich tun soll?“

Was, glauben Sie, würde er antworten?

Ich glaube, er würde sagen: „Liebe Gott und liebe die Menschen.“ Das war's. So einfach sollte das Leben eigentlich sein. Natürlich braucht man etwas zu essen, muss Rechnungen bezahlen. Aber bei diesen Kleinigkeiten wird er uns helfen. Das Wichtigere sind Beziehungen und der wichtigste Aspekt einer Beziehung ist die Liebe. Nicht die Art von Liebe, bei der man mehr kauft oder mehr macht, sondern die Art von Liebe, die sich in intensiver gemeinsam verbrachter Zeit, emotionaler Hingabe und einem Leben für andere ausdrückt. Das ist nicht sehr kompliziert.

„Liebe Gott und liebe die Menschen.“ Das war's. So einfach sollte das Leben eigentlich sein.

Das ist eigentlich so ziemlich das Gleiche, was Jesus einmal gesagt hat, als ihn jemand fragte, was denn das wichtigste Gebot wäre. Er sagte, es gäbe eigentlich zwei: „„... liebe den Herrn, deinen Gott, mit deinem ganzen Herzen, deinem Gemüt, deinem Verstand und deiner ganzen Kraft.' Und hier ist das zweitwichtigste Gebot: ,Liebe andere genauso, wie du dich liebst.' Es gibt kein anderes Gebot, das an diese zwei herankommt" (Markus 12,30–31; Willkommen daheim). Letztendlich zeigt sich unsere geistliche Reife daran, ob wir Gott von Tag zu Tag mehr und aufrichtiger lieben. Und als Folge dieser Liebe werden wir auch andere von Tag zu Tag aufrichtiger lieben, sodass sie es spüren können.

Das ist keine Entscheidung, die man nur ein Mal trifft. Es ist ein Lebensstil. Dazu gehört, dass man den eigenen Blickwinkel neu ausrichtet und, wenn nötig, das ganze Leben umstellt. Vielleicht müssen Sie sich von einigen Dingen verabschieden und dafür andere zu einem Teil Ihres Lebens machen. Was auch immer Sie tun müssen, damit Sie in Einklang mit Gottes Liebesplan leben, es ist die Sache wert.

Was einen Nachfolger Jesu ausmacht

In unserer Gemeinde sprechen wir viel darüber, ein Christ nach Römer 12 zu sein. Ich denke, das ist eine der Bibelstellen, die uns den besten Einblick darin gibt, was es heißt, einen Lebensstil zu pflegen, der geprägt ist von der Liebe zu Gott und anderen. Paulus verrät uns an dieser Stelle, wie wir unsere Beziehung zu Gott, zur Welt, zu uns selbst, zu anderen Christen, zu denen, die Jesus noch nicht kennen, ja, sogar zu unseren Feinden richtig leben können.

Es fängt alles in *Vers 1* mit der Hingabe an Gott an. Wir bringen uns ihm als ein lebendiges Opfer dar. So sieht wahre Anbetung aus – wir richten uns ganz neu auf ihn aus, damit er das Zentrum unseres Lebens wird.

Laut *Vers 2* sollen wir uns dann in unserem Denken und Verhalten nicht einer Welt anpassen, die Gott nicht kennt. Damit ist das „Weggehen" gemeint, von dem wir im letzten Kapitel gesprochen haben. Wenn wir uns so verhalten, wird unser Denken umgestaltet, und dann sind wir in der Lage, Gottes Willen zu verstehen und entsprechend zu leben.

Die *Verse 3 bis 8* laden zu einer nüchternen Selbsteinschätzung ein und dazu, eine angemessene Sicht von sich selbst zu haben. Wir sollten uns nicht aufspielen, uns aber trotzdem bewusst sein, wie wertvoll wir als Kinder Gottes und Glieder am Leib Christi sind. Wir haben unterschiedliche Gaben, die aber alle wichtig sind für das Funktionieren des Leibes Christi.

Die *Verse 9 bis 13* beschreiben die Art von Liebe, die wir an den Tag legen sollen – wie wir einander dienen sollen. Unsere Liebe soll echt und nicht nur gespielt sein. Wir sollen dem Bösen keinen Raum geben, sondern uns in allen Lebenslagen am Guten erfreuen. Wir gehen nicht nur zu Gemeindeveranstaltungen, sondern wir teilen unser Leben miteinander. Wir begegnen allen mit echter Wertschätzung und zögern nicht, wenn bei irgendeinem Vorhaben unser Einsatz gefragt ist. Wir geben unser Leben füreinander. Wir lieben uns gegenseitig auf eine Weise, dass Außenstehende es nicht begreifen können. Die Gemeinde Jesu ist keine Organisation, sie ist ein lebendiger Organismus aus Menschen, die mit Gott und anderen Menschen verbunden sind und einander dienen.

In den *Versen 14 bis 21* wird unsere liebevolle Reaktion auf Menschen beschrieben, die uns das Leben schwermachen. Wir antworten auf Böses mit Gutem. Wenn unsere Feinde hungrig sind, geben wir ihnen zu essen. Wenn sie Durst haben, geben wir ihnen zu trinken. Wenn sie uns schaden, rächen wir uns nicht. Stattdessen besiegen wir das Böse durch das Gute.

Das war's. Liebe Gott und liebe andere. So sieht das Leben eines Christen aus, der gelernt hat, einfach zu leben.

Charakterisierung eines Nachfolgers Jesu

- Gott hingegeben
- losgelöst von den Wertmaßstäben dieser Welt
- nüchterne Selbsteinschätzung
- dient in Liebe
- antwortet auf Böses mit Gutem

Die Gewohnheiten eines Nachfolgers Jesu

Wenn ich sage, dass dies ein einfacher Lebensstil ist, dann meine ich damit nicht, dass er leicht zu leben ist. Er ist nämlich alles andere als leicht. Aber wenn wir uns drei Gewohnheiten zu eigen machen, wenn wir uns von Gott abhängig machen und fest auf ihn vertrauen, schenkt er uns die Gnade, die Menschen zu werden, die wir sein sollen.

> Wenn ich sage, dass dies ein einfacher Lebensstil ist, dann meine ich damit nicht, dass er leicht zu leben ist.

In unserer Gemeinde und bei „Living on the Edge“ haben wir alle geistlichen Übungen und Aktivitäten auf drei Präpositionen (Verhältnisworte) reduziert. Und zusammengefasst bezeichnen wir sie als VIA: Vor Gott, In Gemeinschaft, Auf Mission.

Vor Gott. Wir werden als Christen nie Paulus' Beschreibung eines Nachfolgers entsprechen, wenn wir nicht täglich Zeit mit Gott und mit seinem Wort verbringen. Wir müssen alle lernen, uns ihm täglich neu zu unterstellen, indem wir mit ihm sprechen und auf sein Reden hören. Es gibt diesen einen Punkt, an dem man sich entscheidet, „alles zu geben", wie wir es im letzten Kapitel besprochen haben. Aber das ist nicht nur eine einmalige Entscheidung. Es ist ein Lebensstil, eine ständige Hingabe. Das ist Anbetung nach Römer 12,1 – unsere Bereitschaft, ein lebendiges Opfer zu sein.

Das heißt, dass wir uns schon vorab verpflichtet haben, alles zu tun, was er uns in seinem Wort sagt – und zwar nicht nur, wenn es so aussieht, als sei es zu unserem Vorteil, sondern auch dann, wenn wir es nicht unbedingt wollen. Im Glauben nehmen wir das an, was er über den richtigen Umgang mit Geld sagt, darüber, wie Beziehungen funktionieren und welche Grenzen wir ihnen stecken müssen, was er über Opfer sagt und über alles mögliche andere. Manchmal erkennen wir, welche Vorteile das hat – wenn wir uns daran halten, bleiben wir schuldenfrei, schützen uns vor Geschlechtskrankheiten und führen eine Ehe, die wirklich erst mit dem Tod endet –, aber manchmal fällt es uns auch schwer. Wir entscheiden uns aber trotzdem, ihm zu vertrauen und zu gehorchen, auch wenn dieser Gehorsam uns schwer erscheint.

In Wahrheit ist radikaler Gehorsam nicht nur schwer, er ist unmöglich. Wenn wir auf uns selbst gestellt sind, schaffen wir das nicht. Aber wenn wir uns in Gottes Wort vertiefen, im Gebet mit ihm sprechen und die Beziehungen zu anderen Nachfolgern pflegen, schenkt er uns die Gnade, es zu tun. Gott hat uns den Willen geschenkt, Jesus nachzufolgen, und er ist auch in der Lage, uns die Kraft zu geben, treu an ihm festzuhalten. Und das erleben wir immer realer, wenn wir unser Leben in dem Bewusstsein leben, dass Gott in jedem Augenblick des Tages bei uns ist.

Dabei geht es um mehr als nur unsere tägliche Zeit mit Gott. Dazu gehört auch, dass wir regelmäßig am Wochenende in seine Gegenwart kommen und ihn gemeinsam mit anderen anbeten. Aber es ist noch weit mehr als das. Es geht darum, täglich in Gottes Gegenwart zu sein, mit ihm zu sprechen, wo auch immer wir gerade sind – ein kurzes Gebet vor einer Besprechung, ihn bei Problemen oder Versuchungen jeder Art um Hilfe zu bitten, seine Gegenwart zu spüren ... Mit anderen Worten: Es geht darum, ihn ganz natürlich und real in jeden Bereich unseres Lebens einzubeziehen. Das ist eine Gewohnheit, die zunächst einige Disziplin erfordert, die aber mit der Zeit ganz selbstverständlich wird.

In Gemeinschaft. Es ist unmöglich, für sich allein Christ zu sein. Jeder braucht tiefe Beziehungen zu anderen Gläubigen. Dazu gehört, dass man zu einer Kleingruppe gehört, aber das ist nicht alles. Es bedeutet, das Leben mit einer Gruppe von Menschen zu teilen, in der man sich gegenseitig wirklich kennt und liebt. Aufrichtigkeit gedeiht, wenn alle ihre Masken abnehmen – wenn das wahre Ich aus den richtigen Gründen und auf die richtige Weise echten Nöten begegnet. Wenn jemand in der Gruppe Hilfe braucht und Sie großzügig Geld oder Zeit geben, dann strömt Gottes Gnade in das Leben dieser Person und in Ihres. Einsamkeit ist die häufigste Krankheit unseres Kulturkreises. Religiöse Veranstaltungen und geistliche Übungen haben durchaus ihre Berechtigung. Aber damit ein Mensch sich wirklich verändern kann, braucht er das opferbereite Miteinander in einer Gemeinschaft.

Auf Mission. Nachfolger Jesu, die im „Zug der Liebe“ sitzen, sind immer „im Auftrag des Herrn unterwegs“. Ganz gleich, ob Sie auf der Arbeit, im Fitnessstudio, beim Einkaufen oder zu Hause sind – wo auch immer Sie einem Problem oder einer Not begegnen, haben Sie das Potenzial, Gottes Antwort darauf zu sein. „Auf Mission“ zu leben bedeutet, Gott jeden Tag und überall, wo Sie hingehen, um Weisheit zu bitten, damit Sie wissen, wie Sie anderen dienen und ihnen im Dienst der Versöhnung begegnen können. Sie sind ein Vollzeit-Botschafter des Himmels, vierundzwanzig Stunden am Tag, sieben Tage die Woche.

> Damit ein Mensch sich wirklich verändern kann, braucht er das opferbereite Miteinander in einer Gemeinschaft.

Diese Gewohnheiten und Aktivitäten sind nichts Neues, und sie sind auch nicht kompliziert, aber sie werden von erstaunlich vielen Gläubigen vernachlässigt. Und sie sind sinnvoll, nicht wahr? Das Leben als Christ ist einfach, nicht kompliziert. Es ist nicht simpel, aber klar, beziehungsorientiert und dynamisch. Leider funktioniert das aber bei vielen Menschen nicht, weil sie es zwar verstandesmäßig wissen, es aber nicht praktizieren. Ein Grund dafür ist, dass viele Menschen die geistlichen Wendepunkte nicht kennen, die zu echter Veränderung führen.

Drei geistliche Wendepunkte und die Ängste, die uns davon abhalten

Betrachten wir die drei geistlichen Wendepunkte, von denen wir gerade gesprochen haben. *Vor Gott (Hingabe), In Gemeinschaft, Auf Mission.*

1. Hingabe

Auf den letzten Seiten ging es sehr viel um diesen Begriff. Ich habe das Thema sehr ausführlich angesprochen, weil ich Hunderte von E-Mails von Menschen bekomme, die seit Jahren Christen sind und mir schreiben: „Ich habe noch nie etwas von Hingabe gehört, aber heute habe ich gebetet, dass ich ‚ganze Sache' machen will, und ich kann nicht glauben, wie sehr sich mein Leben schon jetzt verändert hat." Eheleute versöhnen sich, Finanzen ordnen sich, und Menschen finden den Sinn und das Ziel, nach dem sie so lange gesucht haben. Es passieren einschneidende, unglaubliche Dinge.

Warum gibt sich dann nicht jeder völlig Gott hin? Weil wir uns davor fürchten, die Kontrolle über unser Leben abzugeben. Wir haben Angst, dass Gottes Plan für unser Leben nicht dem entspricht, was wir uns vorstellen. Wir gehen fälschlicherweise davon aus, dass wir unser Geld hergeben müssen, wenn wir welches haben. Dass wir ledig bleiben müssen. Dass wir ihm auf eine Art dienen müssen, die weniger erfüllend ist als unser Beruf, der uns Freude bereitet. Wir leben mit der Illusion, dass wir wissen, was das Beste für uns ist, und dass wir auch am besten wissen, wie wir es erreichen. Kurz gesagt, wir weigern uns, uns Gott hinzugeben, weil wir vor dem Angst haben, was uns die Zukunft unter Gottes Leitung bringen könnte.

Überlegen Sie einmal, wie unlogisch das ist. Wir sprechen hier vom allwissenden, allmächtigen Gott, der uns so sehr liebt und so sehr auf unserer Seite ist, dass er seinen Sohn am Kreuz für uns sterben ließ. Sollte er wirklich nicht wissen, was am besten für uns ist? Würde er wirklich so viel auf sich nehmen und uns dann hängen lassen? Nein, wenn er das Leben seines Sohnes für uns geopfert hat, wird er sicher auch in jedem Lebensbereich tun, was das Beste für uns ist (Römer 8,32). Er ist nicht der „Sklaventreiber", wie viele fürchten.

Dennoch haben Umfragen über religiöse Gewohnheiten ergeben, dass neunzig Prozent der amerikanischen Christen nicht mit Haut und Haar dabei sind. Und wenn wir uns ihm nicht völlig hingeben, wenn wir für uns und nicht für ihn leben, dann behindern wir das Wirken des Heiligen Geistes. Wir werden nicht von der Liebe Gottes getrieben und erfahren seine Gegenwart nicht. Unser Leben hat keine Kraft. Unser Leben als Christen ist dann bestenfalls ein Haufen Prinzipien, nach denen wir leben, und schlimmstenfalls ein Haufen Regeln, die man unmöglich einhalten kann.

„Denn Gott, der Herr, ist die Sonne, die uns Licht und Leben gibt, schützend steht er vor uns. Niemand ist so gut zu uns wie er, durch ihn gelangen wir zu hohem Ansehen. Wer ihm rückhaltlos ergeben ist, den lässt er nie zu kurz kommen."

Sehen Sie nur, was Gott uns verheißen hat: „Denn Gott, der Herr, ist die Sonne, die uns Licht und Leben gibt, schützend steht er vor uns. Niemand ist so gut zu uns wie er, durch ihn gelangen wir zu hohem Ansehen. Wer ihm rückhaltlos ergeben ist, den lässt er nie zu kurz kommen" (Psalm 84,12). Sich Gott hinzugeben ist der eigentliche Weg, auf dem Gottes größter und bester Segen zu uns fließen kann. Anders ausgedrückt: Wir bekommen das Beste, wenn wir uns hingeben. Ein bisschen Bibel lesen, ein bisschen in die Kirche gehen, ein bisschen Mitarbeit bei christlichen Aktivitäten – dadurch kommt keine Kraft in unser Leben. Aber wenn wir Gott alles geben, löst das eine radikale Veränderung bei uns aus.

Ich fasse zusammen:

- Geistlicher Wendepunkt = Hingabe
- Handlung = „Ich gebe dir alles!"
- Hindernis = Angst vor der Zukunft
- Schlüsselvers = Psalm 84,12
- Ergebnis = geistliche Kraft

2. In Gemeinschaft

Echte Gemeinschaft ist so wichtig, weil Veränderung sich nur in einer Umgebung tiefer, aufrichtiger Beziehungen vollzieht, wo man sich verletzlich machen kann. Deshalb hat Jesus uns vorgelebt, was es heißt, das Leben in einer Kleingruppe mit anderen zu teilen. Eben in diesem Umfeld wurden die Jünger und die erste Gemeinde geformt. Aber auch in diesem Bereich haben wir Angst – Angst, abgelehnt zu werden. Diese Angst kann unsere Beziehungen zu anderen untergraben, weil sie uns davon abhält, uns so zu geben, wie wir wirklich sind.

Das habe ich wieder und wieder erlebt. Ich war Mitglied in Kleingruppen, wo nicht wirklich etwas passierte. Man sprach ein wenig über die Bibel, aber alles blieb eher oberflächlich. Wir tranken Kaffee, hingen zusammen ab und kamen vielleicht auf das eine oder andere Problem zu sprechen. Aber die Angst vor Ablehnung veranlasste die Gruppenmitglieder, sich immer von ihrer besten Seite zu zeigen. Das war weit von dem entfernt, wie sich Gott das Miteinander seiner Kinder vorstellt.

Jede Kleingruppe, in der man echte Gemeinschaft erlebt, ist so, weil irgendjemand mutig war. Irgendwann hat irgendjemand gesagt: „Wisst ihr, von dieser dunklen Seite meines Lebens habe ich noch nie jemandem erzählt, aber ich muss da an ein paar Dingen arbeiten, und bei euch fühle ich mich sicher genug, es zu tun.“ Er macht sich verwundbar und bringt seine Probleme ans Licht, sodass alle sie sehen.

Wer das tut, überwindet seine Angst vor Ablehnung. Es besteht immer die Gefahr, dass jemand, der zurückgewiesen wird, sein Problem hinunterschluckt und nie wieder darüber spricht. Sich so zu öffnen ist also ein echter Glaubensschritt.

In solchen Situationen begegnet man aber normalerweise keiner Ablehnung. Meistens sagen die anderen: „Wow, du hast auch damit zu kämpfen?“ Und plötzlich verändert sich die Dynamik in der Gruppe. Schutzmechanismen werden abgelegt, Menschen werden aufrichtig, und Gottes Geist bringt Heilung und Wiederherstellung, wenn Imagepflege durch Wahrheit ersetzt wird.

Gottes Geist bringt Heilung und Wiederherstellung, wenn Imagepflege durch Wahrheit ersetzt wird.

Die Alternative ist, weiterhin vorzugeben, etwas zu sein, das man nicht wirklich ist. Auch wenn man die Zuneigung der anderen bekommt, so beruht diese Liebe doch auf einer Illusion. Wenn Sie nie das Risiko eingehen, abgelehnt zu werden, werden Sie auch nie wirklich geliebt. Aber wenn Sie Ihr wahres Ich und Ihre wahren Kämpfe einigen Menschen zeigen, die bewiesen haben, dass sie vertrauenswürdig sind, und diese Menschen Ihnen dann in die Augen schauen und Sie trotzdem lieben, geschieht Heilung. Das ist ein ganz wichtiger Schlüssel zur Lebensveränderung und deshalb sagt uns Paulus auch: „Nehmt einander an, so wie Christus euch angenommen hat. Auf diese Weise wird Gott geehrt“ (Römer 15,7).

Ich fasse zusammen:

- Geistlicher Wendepunkt = Verletzlichkeit
- Handlung = „Ich nehme meine Maske ab"
- Hindernis = Angst vor Ablehnung
- Schlüsselvers = Römer 15,7
- Ergebnis = Annahme, Liebe und Heilung

3. Auf Mission

Wenn wir hinausgehen und dienen, werden wir zum Kanal für Gottes Gnade. Aber auch das geht mit einer Angst einher: der Angst vor dem Versagen. Vielleicht fallen wir auf die Nase. Vielleicht machen wir uns lächerlich. Vielleicht richten wir mehr Schaden an, als wir Gutes tun. Aber ist das realistisch? Können wir wirklich versagen, wenn Gott mit uns ist?

Als ich das erste Mal jemanden zu Jesus geführt habe, habe ich mich nicht gerade gut angestellt. Ich habe herumgestottert und so lange um den heißen Brei herumgeredet, dass mein Gegenüber mich schließlich unterbrach und fragte, ob er jetzt endlich Jesus als Herrn und Retter annehmen könne. Ich wusste nicht einmal, wie ich mit ihm beten sollte, also stotterte ich auch beim Gebet herum. Aber alles war echt und das Leben dieses jungen Mannes hat sich bis in alle Ewigkeit verändert. Gott übernahm die Führung.

> Wenn Sie spüren, dass Gott wirklich durch Sie handelt, macht das auf wunderbare Art und Weise süchtig.

Mit Gott auf Mission zu sein bedeutet nicht nur, Menschen zu Jesus zu führen. Es kann bedeuten, dass Sie dabei helfen, eine Ehe zu kitten, einen Reifen zu wechseln, sich mit einem

Nachbarn anzufreunden, oder vielleicht heißt es auch nur, jemandem, der eine schwere Zeit durchmacht, zu sagen, dass Gott ihn sieht und ihn liebt. Es bedeutet, bewusst zu versuchen, anderen mit Liebe zu begegnen und ein Kanal für Gottes Gnade zu sein, um Leben, Hoffnung und Heilung zu bringen. Ganz gleich, in welcher Situation es geschieht: Wenn Sie spüren, dass Gott wirklich durch Sie handelt, macht das auf wunderbare Art und Weise süchtig. Es ist elektrisierend. Sie werden so risikobereit wie nie zuvor. Während Sie darin Erfahrungen sammeln, entdecken Sie die ganz besonderen Gaben, die Gott Ihnen gegeben hat, damit Sie für die Menschen in Ihrem Umfeld seine Hände und Füße und sein Mund sein können. „Jeder soll dem anderen mit der Begabung dienen, die ihm Gott gegeben hat. Wenn ihr die vielen Gaben Gottes in dieser Weise gebraucht, setzt ihr sie richtig ein“ (1. Petrus 4,10).

Jedes Mal, wenn ich sehe, wie Menschen diese Glaubensschritte gehen, passieren tolle Dinge. Sie setzen Lebensveränderung in Gang. Diese Entwicklungen sind nicht leicht – das ist das Leben im Glauben nie –, aber Gott ehrt unsere Hingabe. Wenn wir treu sind, werden wir irgendwann die Früchte sehen.

Ich fasse zusammen:

- Geistlicher Wendepunkt = Dienst
- Handlung = „Ich setze meine Gaben ein“
- Hindernis = Angst vor Versagen
- Schlüsselvers = 1. Petrus 4,10
- Ergebnis = etwas bewirken

Eine Einladung an alle

Wenn ich einen Weg finden könnte, um allen Lesern dieses Buches gegenüberzusitzen und ihnen zuzuhören, wenn sie von ihrer geistlichen Reise erzählen, würde ich sie ermutigen, ihr Leben einfacher zu gestalten, Freiräume zu schaffen, um täglich *vor Gott* zu kommen, jede Woche *in Gemeinschaft* miteinander zu leben und vierundzwanzig Stunden am Tag, sieben Tage die Woche *auf Mission* zu sein. Dann würde ich einen Schluck aus meiner Kaffeetasse nehmen, um ein wenig Mut zu fassen, würde ihnen mit sehr viel Mitgefühl und Hoffnung in die Augen schauen und sie herausfordern, sich diesen Ängsten zu stellen. Ich würde sie daran erinnern, dass wir alle damit zu kämpfen haben und dass viele unserer schnelllebigen, oberflächlichen Beziehungen nur auf diese Ängste zurückzuführen sind. Ich würde sie noch einmal daran erinnern, dass letztlich die Liebe das Wichtigste ist. Dann würde ich sie drängen, nicht mehr so viel zu tun und sich stattdessen die Zeit zu nehmen, mehr zu lieben. Und dann würde ich bis spät in die Nacht hinein aufbleiben und ihnen eine Geschichte nach der anderen von Menschen erzählen, deren Leben sich verändert hat, als sie diese Schritte im Glauben gegangen sind.

Ich lade Sie also ein, auf den Zug der Liebe aufzuspringen und Ihr Leben zu leben, indem Sie Gottes Liebe annehmen und sie an andere weitergeben. Jesus hat eine ähnliche Einladung ausgesprochen, verbunden mit einigen tiefgründigen Verheißungen eines einfacheren Lebens:

Kommt her zu mir, die ihr euch mit so vielem abmüht und oft bedrückt seid. Bei mir werdet ihr Ruhe finden. Sucht die Gemeinschaft mit mir und arbeitet mit mir zusammen. Dann werdet ihr

von mir lernen können, denn ich bin ruhig und alles andere als herrisch. Ich werde euch nicht irgendetwas Schweres aufbürden oder etwas, das nicht zu euch passt. Solange wir miteinander Gemeinschaft haben, wird euch alles leicht vorkommen, was ihr in meinem Namen in dieser Welt unternehmt.
Matthäus 11,28–30 (Willkommen daheim)

Anders ausgedrückt: „Lebt so wie ich. Ich will nur das Beste für euch und ich schenke eurer Seele Ruhe."

Wenn Sie Ihr Leben auf etwas anderes gegründet haben als die Liebe, dann fragen Sie sich jetzt vielleicht, ob es zu spät ist, um noch so radikale Schritte zu gehen und weniger zu tun und mehr zu lieben. Schließlich kann man das Fundament nicht mehr ändern, wenn das Gebäude einmal darauf steht. Aber was physisch unmöglich ist, ist geistlich gesehen möglich. Gott gibt uns diese Chance tatsächlich. Manche Strukturen und Stützen müssen Sie vielleicht ändern, aber Sie müssen das Gebäude Ihres Lebens nicht einreißen und ganz neu bauen. Fangen Sie da an, wo Sie jetzt stehen, und bauen Sie Ihr Leben auf Liebe auf, dann werden Sie sehen, was passiert. Sie werden feststellen, dass Ihr Leben viel „runder" und weniger unordentlich aussieht, wenn sich Ihre Motivation ändert. Es wird erfüllter und bedeutungsvoller.

Und es wird schöner. Wenn Sie wirklich verstehen, wie sehr Sie von Gott geliebt sind, werden Sie ganz automatisch überfließen vor Liebe für andere. Menschen fühlen sich zu liebevollen Menschen hingezogen. Beziehungen werden tiefer. Der Sinn des Lebens wird klarer.

Das Leben kann zwar manchmal hart sein, aber es ist wirklich nicht so kompliziert, wie wir es uns manchmal machen. Der

Wettlauf um das Größer-Besser-Schneller-Mehr endet nie und ist ermüdend. Er raubt uns Energie und Freude. Aber das Leben der Liebe bringt sichtbare Frucht und gibt uns Kraft und Freude. Wir werden es niemals bereuen, wenn wir in das investieren, worauf es wirklich ankommt – nämlich die Beziehungen, in die Gott uns gestellt hat. Und wenn wir beschließen, weniger zu tun und mehr zu lieben, werden wir feststellen, dass wir sogar mehr erreichen – nicht im Blick auf Aufgaben und Aktivitäten, sondern hinsichtlich dessen, was in der Ewigkeit zählt. Die Erfüllung, nach der wir auf so unterschiedliche Weise suchen, werden wir nur dadurch finden, dass wir langsamer machen, uns neu ausrichten und beschließen, einfach nur zu lieben.

Danksagung

Mein ganz besonderer Dank gilt unserem gütigen Gott, der meine Frau Theresa durch ihre Krebserkrankung getragen hat, während ich an diesem Manuskript gearbeitet habe. Er hat uns beiden ganz neu und deutlich gezeigt, wie wichtig liebevolle Beziehungen sind und wie zweitrangig alles andere ist. Wir sind dankbar, dass der Krebs hinter uns liegt, wollen aber die kostbare Zeit, die wir auf diesem Weg mit Christus und miteinander verbracht haben, nicht missen.

Unser Dank gilt auch dem Leitungsteam und den Mitgliedern der „Venture Christian Church", wo diese Predigten entstanden sind, und den Mitarbeitern von „Living on the Edge", die diese Inhalte für das Radio und als Lehrreihe auf DVD für Kleingruppen gestaltet und verbreitet haben.

Ein ganz besonderer Dank geht an Philis – für ihre Ermutigung und die Überarbeitung – und an Jonathan und das Team von „Howard" – für ihre Geduld und Flexibilität, nachdem der Krebs uns einen Strich durch die Terminplanung gemacht hatte.

Danke auch an Curtis und das Team von „Yates & Yates". Ihr habt ein ganzes Jahrzehnt durchgehalten und an mich geglaubt und daran, dass Gott seine Botschaft durch mich verbreiten will.

Zum Schluss möchte ich einem Redner danken, den ich als Student einmal zum Flughafen gefahren habe. Er stellte damals meine Sicht von Gemeinde infrage und später auch mein Verständnis von 1. Korinther 13. Ich habe ihn nur ein einziges Mal getroffen, aber seine drei Predigtkassetten, die ich vor zwanzig Jahren gehört habe, waren der Anfang meiner Reise, auf der ich entdeckt habe, wie echte Liebe aussieht. Danke, Tim.

Anmerkungen

1 Jim Dethmer, aus der Vortragsreihe „The Supremacy of Love“

2 Ebd.

3 Wenn Sie lernen wollen, wie man zu einer gesunden Selbsteinschätzung kommt, dann besuchen Sie doch einmal www.LivingontheEdge.org/rl2online.

4 von Jim Dethmer